Patrimonialisation foncière dans un espace primo-occupé en Côte d'Ivoire

Collection « Études africaines »

Forte de plus de mille titres publiés à ce jour, la collection « Études africaines » fait peau neuve. Elle présentera toujours les essais généraux qui ont fait son succès, mais se déclinera désormais également par séries thématiques : droit, économie, politique, sociologie, etc.

Dernières parutions

Denis RAMSEYER, *Le dilemme des jeunes Kouya (Sokya) de Côte d'Ivoire. Rester ou partir* ?; 2025.
Placide PILO KAMARAGI, *Physionomie des groupes armés en République démocratique du Congo. Une réécriture de l'histoire des conflits armés dans le Sud-Kivu et l'Ituri 1960-2005*, 2025.
Cheick Omar DIALLO, *L'apprentissage et la pratique du français au mali : Interférences linguistique et sociolinguistique*, 2025.
Jean-Claude OLOMBI, *L'ONU en République démocratique du Congo, L'impuissance structurelle du multilatéralisme*, 2025.
Telly DIALLO, *Les trajectoires guinéennes : la migration au-delà des chiffres*, 2025.
Eugène Ntondo BUBOTE, *Le père kongo en France, Analyse comparative d'une paternité appliquée*, 2025.
Amadou Sarr DIOP, *Repenser les savoirs sur les conflits en Afrique, L'ethnicité en débat*, 2025.
Amafou Pierre Stéphane DIBY, *Côte d'Ivoire, l'urgence de l'intégrité. Analyse des mécanismes de lutte contre la corruption*, 2025.
Yves-Alain KOUMBA, *L'élection présidentielle gabonaise de 2016, Contribution à une problématique de la construction démocratique en Afrique francophone*, 2025.
Gérard Martin PEKASSA NDAM (dir.), *La fiscalité post-Covid-19 en Afrique subsaharienne francophone. Regards croisés,* 2025.
Mohamed AHMED ISSA, *Politiques linguistiques familiales à Djibouti-ville. Étude de la transmission intergénérationnelle des langues,* 2025.
Khaled AMRANI, *Les oiseaux du sahara, Précis d'ornithologie saharienne (Algérie)*, 2025.

Kouakou Jérôme KOUADIO
Amani Charles YOKOLI

Patrimonialisation foncière dans un espace primo-occupé en Côte d'Ivoire

Préface de Christophe Courtin

L'Harmattan

5-7, rue de l'École-Polytechnique, 75005 Paris
http://www.editions-harmattan.fr
ISBN : 978-2-336-53904-1
EAN : 9782336539041

Remerciements

Partenaires techniques et financiers

Les auteurs sont reconnaissants à l'Union Européenne à travers le projet LIANE2 et à l'ONG Agir, Innover pour le Développement Durable (AIDD).

Autorité préfectorale

Nous adressons des remerciements renouvelés à madame la Préfète du Département de Béoumi, Traoré Imelda qui a accordé l'autorisation pour explorer l'espace d'étude et facilité l'activité d'observation empirique.

Autorités politiques

Les promoteurs du présent ouvrage expriment leur gratitude envers les deux députés de Béoumi, Dr Joachim N'guessan et Me Jean-Chrysostome Blessy, ainsi que leurs équipes, pour leur engagement significatif.

Autorité municipale

Nous remercions l'équipe municipale de Béoumi pour leur appui administratif.

Autorités des villages AVB (Autorité de l'aménagement de la Vallée du Bandama) et d'accueil

Les initiateurs de l'actuelle réflexion sont reconnaissants aux chefs des villages AVB et d'accueil du Département de Béoumi qui se sont disposés à apporter leur contribution à la réalisation de l'étude.

Populations villageoises participant à l'étude

Les auteurs expriment leur gratitude à l'endroit des populations des villages AVB et d'accueil qui se sont mobilisées à l'effet d'apporter leur contribution à la collecte d'informations empiriques sur l'objet scientifique examiné.

Contributeurs de l'Université Félix Houphouët-Boigny

Les auteurs sont reconnaissants à l'égard des chercheurs, Dr Yrobo Yoro Jonathan et les étudiants qui ont apporté leurs savoir-faire méthodologiques à la collecte, au traitement et à l'analyse des données.

À l'ONG Agir, Innover pour le Développement Durable (AIDD)

Nous sommes reconnaissants à l'égard du premier vice-président monsieur Kouassi Yao Guy-Noel, ingénieur agronome, du secrétaire général Dr N'Dri Kouamé Sylvain, Enseignant-Chercheur et aux animateurs communautaires Koffi Hermann, Kouakou Hilaire, Konan Annick Victoire, Konaté Inza pour leur disponibilité et leur contribution à toutes les étapes pour l'aboutissement de ce travail.

Sommaire

Préface

La question foncière est une préoccupation récurrente identifiable dans tous les sujets sociétaux qui structurent l'histoire de la Côte d'Ivoire depuis son indépendance. Ce problème est exprimé de nouveau par l'Organisation Non Gouvernementale Agir, Innover pour le Développement Durable (ONG AIDD) dans le cadre du projet d'appui à la société civile, LIANE 2. Lorsque nous avons reçu le dossier de l'ONG AIDD qui postulait pour un financement de l'Union européenne dont nous pilotons le processus, nous avons examiné attentivement cette demande. Nous nous sommes intéressé à l'ambition de cette ONG, AIDD, qui ne nous est pas familière. Cette Association jeune souhaitait engager un plaidoyer vis-à-vis des autorités ivoiriennes pour qu'elles autorisent le retour sur leur terre originelle, ancestrale des villages déplacés du fait de l'aménagement de la vallée du Bandama dans les années 70, à l'occasion de la construction du barrage de Kossou. Cette initiative se révèle opportune, si l'on considère la situation d'étiage actuelle du fleuve, le Bandama. Celui-ci a atteint son niveau d'eau le plus bas. Il ne menace plus une grande partie des villages déplacés. Rien que ça…
Nous savons qu'une action consistant à avancer sur la question foncière en Côte d'Ivoire, pour un programme de l'Union européenne, serait un risque pour nous de prendre des coups, tant les enjeux sont importants et les situations souvent complexes, après cinquante ans. L'accès des femmes au foncier rural, par exemple, est moins problématique. Seuls les anciens des villages déplacés ont vécu sur les sites ancestraux, les plus jeunes, moins de cinquante ans, n'y ont pas vécu. Le dossier de AIDD n'était pas mal ficelé. Il avait été classé 21ème sur 51 dossiers sélectionnés pour 232 demandes déposés. Nous

avons perçu de la motivation dans le narratif de leur proposition.
Le contrat signé, les avances versées, nous avons été invité, quelques semaines plus tard, à Béoumi pour l'inauguration du projet. En général, ce type de cérémonie est toujours le même. Il est fait de deux ou trois discours de circonstance sur une estrade, devant une banderole en plastique de trois mètres de large. Les autorités conviées arrivent en retard, « les populations» sont assises sagement dans des sièges en plastique sous des dais. Un cocktail est organisé pour quelques happy-few, et l'affaire est réglée. Ce jour-là, les choses étaient différentes. L'espace était aménagé en un forum, comprenant d'un côté les pouvoirs publics, d'un autre les citoyens des villages concernés, les ressortissants des villages à Abidjan ou dans les capitales régionales et d'un troisième, les chefferies.

L'ONG AIDD avait pensé l'évènement comme une première étape du plaidoyer des déplacés. Chaque groupe d'intérêt vint exposer son point de vue. À la fin, la préfète du Département de Béoumi, madame Traoré Imelda, prit la parole pour présenter son analyse de la situation et son engagement pour que le processus de discussion soit bien lancé et encadré. Pendant la conduite du projet, AIDD a bien appuyé son plaidoyer sur des études de terrain de manière à ce que le processus de discussion débouche sur des résultats concrets allant dans le sens du retour des déplacés sur les terres de leurs ancêtres. L'évaluation, à la fin du projet LIANE 2, autour de critères de changement social a mis le projet de AIDD en tête ex æquo sur les 51 projets financés. Cette bonne pratique, dans un contexte délicat, mérite d'être publiée et connue de tous et de toutes.

Christophe Courtin, Chef du projet LIANE 2

Avant-propos

Le genre humain, de moins de 2, 5 millions d'années à 12 mille ans avant notre ère, se caractériserait par une vie spécifique. Il aurait, par exemple, un régime alimentaire composé essentiellement de plantes, de fruits et de gibiers. Il serait régulièrement amené à se déplacer d'un endroit à un autre pour identifier, contrôler ou gérer des troupeaux d'animaux ou s'offrir sa pitance et son gîte quotidiens. Il aurait été considéré, dans cette perspective, comme un être nomadique. Celui-ci, dès 12 mille ans avant notre époque, cesse sa vie de nomade par sa tendance à s'établir en un espace donné. Il se sédentarise sur une terre (Souche, 11 avril 2007).

Celle-ci est un système biologique terrestre qui comprend un sol, une végétation, une flore, une faune, des processus écologiques, hydrologiques qui fonctionnent dans ce système (United Nations Convention To Combat Desertification (UNCCD, 2017). La terre est ainsi une zone délimitable de la surface terrestre qui abrite des ressources naturelles, une biocénose dont les populations humaines, les stigmates de leurs activités passées et présentes (Convention on Sustainable Development (CSD, 1996). Elle serait donc un lieu qui offre aux êtres vivants, notamment l'homme, la possibilité de s'approprier un nombre de ressources naturelles, végétales, animales nécessaires à une vie régulière. La terre propose un cadre d'existence d'autant stable qu'à cette étape d'hominisation, Homo *sapiens*, selon Souche (11 avril 2007), créa l'agriculture, l'élevage et le commerce. Ceux-ci se révèleraient être des activités dont le développement et la gestion nécessiteraient une présence régulière en un lieu fixe de l'espèce *sapiens*. Celle-ci a améngé un espace pour répondre aux besoins de sa nouvelle vie de sédentaire. Elle acquit un nouveau caractère biosocial, la sédentarisation anthropique. Celle-ci se manifesta, entre autres, par la construction par les individus de l'espèce *sapiens* de gîtes permanents pour y habiter et s'y loger. Les habitats communautaires, en l'occurrence les villages, seraient fondés.

Par exemple, l'on observe, entre 12 mille et huit mille ans, avant notre ère, dans la région du Levant ou du Proche-Orient, qui s'étend de la Palestine au Zagros, la construction de cabanes, de maisons par les humains, sur des terres qu'ils se sont attribués. Les hameaux composés de quelques maisons deviennent des villages de plusieurs dizaines d'habitats ou des agglomérations sur des terres personnelles ou collectives à mesure que la population humaine croît (Souche, 11 avril 2007). La croissance démographique des villages, des villes humaines n'est pas loin d'entraîner chez ces occupants terriens des comportements, des opérations consistant à se conserver, à se réserver, à s'octroyer ou privatiser des portions et des surfaces foncières.

La terre, de ce point de vue, deviendrait, pour ces villages ou cités initiaux, un bien et une propriété. La sauvegarde, la conservation, la cession ou l'acquisition de ce patrimoine foncier pourrait constituer une préoccupation pour des villages humains.

Un tel problème socio-existentiel, identifié à la fin du Pléistocène chez les groupements humains, il y a douze mille ans, semble être transmis aux villages humains de l'époque holocène ou actuelle. Cette problématique, à la présente époque, se pose ostensiblement, comme le montre la situation des villages créés à l'occasion de l'Aménagement de la Vallée du Bandama (AVB), en Côte d'Ivoire. La situation de repatrimonialisation, de redistribution ou d'expropriation foncière à laquelle sont confrontés plusieurs villages ivoiriens, notamment ceux de l'Autorité pour l'Aménagement de la Vallée du Bandama

(AVB), déplacés sur des sites appartenant à d'autres villages, se révèle particulièrement conflictogène.
La guerre liée à l'occupation foncière dans ces villages AVB et les villages hôtes pourrait être due à la complexité des systèmes juridiques étatiques et non-étatiques de gestion des ressources foncières. L'imbrication entre droits coutumiers des propriétaires terriens villageois, droits étatiques, traditions et des pratiques jurisprudentielles tend à créer une coexistence confuse entre droit formel et revendication informelle ou de fait. Une ambiguïté est également observée entre le pouvoir attribué aux chefs traditionnels de ces villages et celui que possède l'entité administrative quant à l'attribution du titre de propriété foncière. La diversité des modalités de gouvernance foncière ne permettrait pas d'établir une différence claire entre la propriété foncière et le droit d'usage. Une étude explorant cette gouvernance foncière multiforme qui est pratiquée dans les villages AVB et les villages d'accueil a tenté d'apporter quelques éléments de réponse concernant la propriété foncière rurale.
Nous pourrions néanmoins prédire, analysant les données d'une mission parlementaire que nous avons réalisée auprès des villages AVB, des problèmes d'insuffisance, de privation, d'expropriation, de conflits fonciers, mais également de cohabitation et de survie des villages AVB dans un espace d'ores et déjà occupé.

Ainsi, à l'attention des Honorables Autorités et Chers Partenaires au Développement, nous voudrions formuler le présent plaidoyer.

Nous prenons la plume, en qualité de député et avocat dévoué de notre nation, pour exprimer une importante préoccupation, une responsabilité investie envers nos concitoyens et notre terre bien-aimée. Les défis à relever par nos villages dans les régions de l'Autorité pour l'aménagement de la Vallée du Bandama (AVB), sont à la fois complexes et urgents. C'est dans cet esprit que nous vous adressons ce plaidoyer, non seulement en tant que représentant du peuple, mais aussi en tant que gardien de notre patrimoine foncier et environnemental.

Les villages de l'AVB portent en eux l'héritage de nos ancêtres, la richesse de notre diversité culturelle et la promesse d'un avenir prospère pour les générations à venir. Ces espaces précieux, qui ont été le berceau de notre histoire et de notre culture, sont aujourd'hui confrontés à des pressions croissantes. Les ressources foncières, qui sont le socle de la vie villageoise, sont de plus en plus contestées et convoitées, mettant en péril notre mode de vie traditionnel et notre capacité à garantir un avenir durable pour nos communautés.

Ce plaidoyer vise à attirer votre attention sur l'importance vitale de trouver des solutions équilibrées et durables pour la gestion des ressources foncières dans les villages de l'AVB. Nous sommes convaincus que, par un engagement conjoint et une vision partagée, nous pouvons préserver notre héritage culturel, garantir la sécurité alimentaire, encourager le développement socio-économique et préserver notre environnement naturel dans cette région exceptionnelle.

Nous faisons appel à l'État ivoirien, aux partenaires au développement, aux organisations de la société civile, aux communautés locales et à tous les acteurs concernés, à nous apporter leurs contributions ou appuis dans cette quête cruciale pour l'avenir de nos villages de l'AVB. Nous pouvons ensemble forger un avenir où la gestion des ressources foncières est empreinte de sagesse, où le développement est équilibré et où nos villages prospèrent tout en préservant leur identité unique.

Ce plaidoyer est une invitation à l'action, une invitation à investir dans un avenir durable pour les générations présentes et futures. Nous sommes prêts à travailler de manière concertée, unie pour relever les défis, trouver des solutions innovantes et construire un modèle de gouvernance foncière qui permet aux villages de l'AVB de continuer à prospérer dans un espace primooccupé.

Avec toute ma détermination et mon engagement envers notre nation, **Honorable Me Jean-Chrysostome Blessy, député ivoirien et avocat international**.

Introduction

L'installation d'une population humaine sur un territoire non occupé préalablement tend à offrir la possibilité ou le droit à ce groupe humain sur cet espace. Ce pouvoir de propriété que celui-ci pourrait exercer sur cette terre qu'il primooccupe érigerait ce groupe d'individus de l'espèce humaine en possesseur des ressources foncières liées à cet espace. Celui-ci, qui serait généralement reçu de la part du dieu de la nature ou des ancêtres, prendrait le statut d'une proporiété exclusive. Le partage de ce patrimoine divin ou ancestral avec d'autres populations, notamment les seconds arrivants, pourrait être soumis au respect des exigences métaphysico-normatives des primoccupants. Ceux-ci pourraient établir, dans cette cohabitation, quelques principes ou règles d'exploitation, de cession ou d'appropriation des ressources foncières reconnues par les cohabitants.

À mesure du temps, l'application ou la durée de cette convention socio-culturelle est loin d'être absolue, figée ou indéterminée. L'on pourrait observer l'élaboration de principes, de droits fonciers nouveaux qui sont susceptibles de différer de ceux existants. Les lois ou droits fonciers a posteriori pourraient d'autant être en conflit avec ceux conçus a priori que l'arrangement socio-juridique se réalise dans une situation conjoncturelle et d'urgence. Par exemple, la Côte d'Ivoire, comme plusieurs pays africains, serait souvent confrontée à des tensions sociales qui sont souvent liées à la défense de la légalité, de la légitimé de la propriété foncière. La mise en crise du droit, la complexité, l'imprécision, la disharmonie des textes étatiques, l'inadaptation ou l'insuffisance institutionnelle illustrent la gestion foncière ivoirienne (Lamarche, 2019). Le fonctionnement du foncier paraît exercer une influence différentielle sur les modes d'appropriation foncière.

La relation entre les modes de gestion et la propriété foncière a intéressé plusieurs auteurs. L'on a montré que la loi sur le foncier rural crée des écarts de propriété entre autochtones et étrangers (Le Brech, 24 juin 2014). Les procédés de partage des terres sont l'origine d'appropriation et conflits variables (Kouadio, 06 juin 2017). Ces tensions sont attribuables, entre autres, à la sécurisation des terres (Dagnogo, 4 décembre 2015). Les travaux évoqués, dans le questionnement de l'appropriation foncière, ont isolé les lois, le statut d'autochtonie ou non et la protection des terres comme des facteurs ayant des effets différents sur la propriété foncière. Ces études ne semblent pas avoir suffisamment exploré le mode de gestion foncière en milieu coutumier en lien avec le statut de propriété. Cette insuffisance de connaissance concernant la relation évoquée est la question que se propose d'examiner le présent travail. La réponse à cette question se structure en trois parties. La première concerne les considérations théoriques. La seconde expose la méthodologie utilisée pour mesurer les variables mises en relation. Les résultats constituent la troisième partie de l'étude.

PREMIÈRE PARTIE

SOURCE DE LA RÉFLEXION SCIENTIFIQUE SUR LA PROPRIÉTÉ FONCIÈRE

Chapitre I
Question relative à la propriété foncière selon la gouvernance de la patrimonialisation des espaces occupés ou hérités

La terre sur laquelle sont installées les populations des pays est loin d'être un bien indéterminé. Cette ressource foncière serait souvent inscrite dans le patrimoine d'un individu ou des individus. Une telle terre tend à être pour celui ou ceux-ci ce que l'on pourrait appeler une propriété foncière. Celle-ci se réfère au droit d'user, de jouir et de disposer de manière exclusive et absolue d'un bien-fonds, notamment le sol, les constructions (Dubler, 2010). Elle est, de ce point de vue, l'octroi d'un droit intégral sur le sol et sur tout ce qui s'y attache (Aubin et Nahrath, 2015). La propriété foncière serait la reconnaissance ou l'acceptation de la possession par un individu ou un groupe d'individus d'une parcelle de terre ou de sol. Elle se révèle être une disposition par un individu ou un groupe d'une terre, d'un sol vérifiable et authentifiable. Le contrôle d'une terre par un individu ou son attribution privative impliquerait un examen, une justification externe.

La revendication, l'affectation individuelle ou collective du foncier serait le résultat d'un consensus, d'un accord, c'est-à-dire d'une gouvernance foncière. Celle-ci est considérée comme l'ensemble des processus à travers lesquels les décisions relatives au foncier sont prises, mises en œuvre, peuvent légitimement être contestées, et les intérêts fonciers conflictuels sont conciliés (Seck, 2016). Elle renvoie ainsi aux règles, aux processus et aux structures à travers lesquels des décisions sont arrêtées quant à l'accès à la terre, à l'utilisation de celle-ci, à la manière dont les décisions sont utilisées, implémentées ou appliquées et les intérêts concurrents concernant l'usage du sol sont gérés (Palmer et al., 2009). La gouvernance foncière se référerait à la fois aux entités administratives publiques, privées, aux textes législatifs, aux actes administratifs, aux contrats, aux accords qui assurent la distribution et la redistribution ou l'usage harmonieux des sols.

L'on pourrait identifier certaines personnes selon les textes ou les conventions, où il est susceptible d'observer une appropriation, une répartition, une affectation ou un usage variable. En d'autres termes, la pluralité des textes, des accords ou des décisions relatifs à la gestion foncière pourrait créer des statuts divers selon la relation que l'individu, les individus ou les populations ont avec la terre. Cette inconstance ou modification régulière des textes, des accords n'est pas loin d'engendrer, par exemple, différents propriétaires ou usagers d'un même sol ou une désorganisation de la sociocartographie foncière au fil du temps. L'étude réalisée par Rangé (2016) fait état de ce que les interventions des pouvoirs supra-locaux à travers les politiques de démocratisation et de maintien de l'intégrité territoriale déstabilisent les coordinations entre des acteurs organisant le partage de l'usage de l'espace. La gouvernance foncière dans sa structuration et son fonctionnement pourrait être à l'origine de différents niveaux de propriété foncière.

L'influence probable de la gestion de la terre sur l'appropriation foncière a fait l'objet de divers travaux de recherches. Aloko-N'guessan et al. (2018), par exemple, ont examiné l'effet de la saturation foncière sur le comportement des populations concernant l'exploitation des terres. Ils font état d'un accaparement foncier dû à l'amenuisement de terre vacante. Sitou et al. (2014) se sont intéressés à cette réduction ou insécurité foncière et les stratégies locales de sécurisation foncière. L'on note que la formalisation légale de contrôle des terres côtoie différentes pratiques traditionnelles d'appropriation ou de sécurisation foncière. Fallé (2018) a exploré, dans cette optique, le lien entre la générosité du passé, l'inexistence de document papier sur la terre et la multiplicité des possesseurs fonciers et, par ricochet, la conflictualisation du droit foncier. L'étude réalisée par Yamba et al. (2008) élargit cette conflictualisation à la double cession de terre, à l'héritage, à la parcelle et à l'occupation illégale de la terre.

A l'analyse, les travaux qui ont exploré l'effet de la gouvernance sur les niveaux de propriété foncière ont considéré le non-contrôle des terres, la variabilité de sécurisation foncière ou l'inexistence de document de propriété. Dans ces études, l'accent ne semble suffisamment pas avoir été mis sur la norme coutumière d'appropriation foncière en tant que variables susceptibles de créer différents niveaux de propriété foncière. La présente étude se propose d'examiner cette préoccupation à partir de l'exemple de la situation foncière des ex-villages déguerpis dans le cadre de l'Autorité de l'aménagement de la Vallée du Bandama (AVB) dans le Département de Béoumi, en Côte d'Ivoire.

Objectifs

L'étude est sous-tendue par un objectif qui se présente sous forme générale et spécifique.

Objectif général

L'étude se propose d'examiner le lien entre la gouvernance et les niveaux de propriété foncière.

Objectifs spécifiques

Identifier les niveaux de propriété selon la norme coutumière locale, moderne ou générale foncière ;

Proposer un mécanisme de propriété, d'appropriation, d'usage fonciers univoque pour concilier les revendications faites par différents utilisateurs et groupes d'intérêt.

La réalisation de cet objectif implique une observation empirique, une expérience.

Chapitre II
Plausibilité empirique du questionnement actuel sur la propriété foncière

Le niveau de propriété foncière susceptible d'être identifié au sein d'une population installée sur des terres rurales étrangères apparaît être une préoccupation endogène. Les mécanismes théoriques fonctionnels de cette préoccupation spatio-socio-spécifique sont loin d'être construits, établis. Cette inexistence ou insuffisance d'information préalablement élaborée indiquant le fonctionnement de la propriété foncière rurale amène à fonder le présent questionnement sur des informations ou des réponses inductives. La réalisation de celles-ci s'est faite en considérant, dans le cadre de l'étude actuelle, des villages déplacés expropriés de leurs ressources foncières dans le cadre de l'opération de l'Autorité d'aménagement de la Vallée du Bandama (AVB). Sur l'espace accueilli, ces villages seraient confrontés à la délégitimation foncière. Un échantillon de 20 personnes, membres des autorités gouvernantes de trois de ces villages, en l'occurrence Niambrun, ancien Bourebo, Bourebo, et dix autorités préfectorales, municipales dans le département de Béoumi, ont été interrogées. L'entretien individuel semi-structuré ou collectif a été utilisé pour la collecte des informations. Les résultats obtenus, à l'issue de cette expérience indicative, sont structurants de la préoccupation.

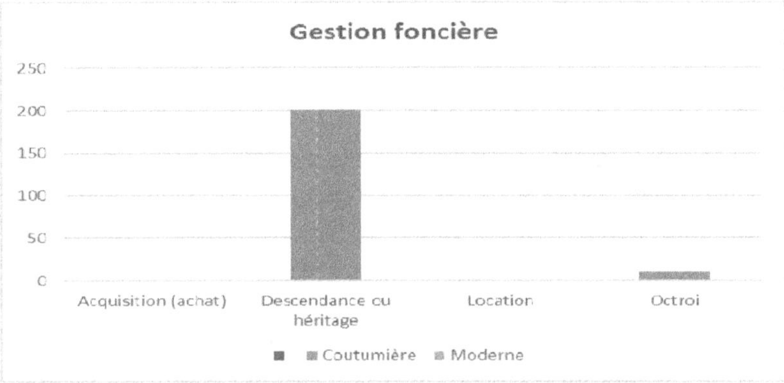

Figure 1 : Présentation des modes d'appropriation foncière

L'examen de la gestion foncière dans les villages montre que les ressources s'acquièrent ou s'obtiennent à travers un système d'héritage. Le patrimoine foncier se révèle être un bien qui est transmis génétiquement à la descendance. Par exemple, l'on note que la majorité des chefs de village, des notables, des familles interrogés (97%) est enseignée à appliquer cette norme. Ainsi, le peuple de Béoumi adopte le régime patrilinéaire. Celui-ci exige que la terre soit léguée à ses progénitures. La terre des ancêtres ne peut être vendue. Cette information transparait dans les propos des participants à l'observation repérage. « Nos aïeux n'ont jamais vendu de terre, car c'est l'héritage que l'on laisse à ses enfants », a indiqué le chef du village de Niambrun.

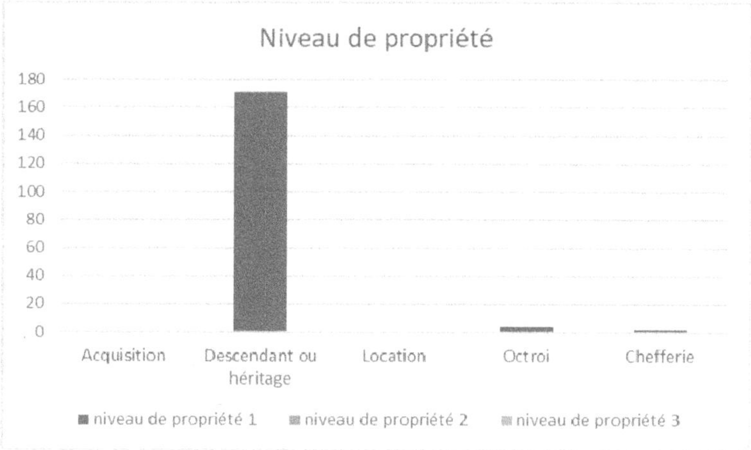

Figure 2 : Présentation des niveaux de propriété foncière

Le titre de propriété reconnu par les populations interrogées serait celui hérité des ancêtres. Les participants (95%) à l'observation d'orientation de l'étude ont donné un aperçu de ce que l'on considère comme un titre de propriété à l'échelle villageoise ou rurale. Ces informations montrent que les villages de l'Autorité de l'aménagement de la Vallée du Bandama (AVB), avant le déplacement semblent appliquer, s'approprier les textes de loi liés à la procédure d'acquisition de la terre. Cette information transparaît dans les propos des interviews dans ce cadre : « Ici, autrefois, chaque village connaissait la limite de sa parcelle ».

Les résultats obtenus dans le cadre de l'expérience d'approche du niveau de propriété foncière en milieu rural montrent une gestion foncière familiale et une transmission 'génétique' du titre de propriété. Cette relation entre le mode de gestion des ressources foncières et l'obtention, l'attribution ou la reconnaissance du titre de propriété foncière semble avoir intéressé les populations et, par ricochet, les chercheurs. Les travaux réalisés par ces derniers pourraient tenter d'identifier quelques aspects de cette corrélation.

Chapitre III
Mécanismes d'appropriation foncière

La propriété foncière a fait l'objet de diverses recherches scientifiques ou de décisions étatiques. Celles-ci ont mis l'accent sur les mécanismes coutumiers locaux de gestion foncière. Les décisions étatiques ont concerné l'élaboration de textes législatifs, administratifs en lien avec la gestion étatique de la propriété foncière.

3. 1. Mécanismes coutumiers locaux de gestion et niveau de propriété foncière

Deshajes (2016) a mesuré l'effet de la réforme foncière sur l'accaparement des terres. L'étude a porté sur six régions du Burkina Faso. L'observation de la réforme et de l'accaparement s'est réalisée à travers des entretiens auprès des propriétaires terriens et des populations. Les résultats montrent que le dispositif juridique et les démarches du gouvernement n'ont pas entraîné la modification des critères locaux d'appropriation des terres. Cette inefficacité des textes étatiques généraux semble trouver quelques éléments d'explication dans l'étude réalisée par Aloko-N'guessan et al. (2018). Ceux-ci ont interrogé les conditions d'acquisition des terres conformément au droit coutumier et à la législation moderne. Leur observation s'est déroulée auprès de 94 chefs exploitants dont les producteurs de coton, d'anacarde et de mangue. Une série d'interviews a été utilisée pour cette enquête. Les auteurs notent dans les réponses des participants que la terre n'appartient pas à un individu. Elle est la propriété de la communauté, un bien commun. Sa gestion est confiée au descendant le plus âgé du lignage. La succession se fait selon le principe du matriarcat. Seuls les neveux, en l'occurrence le fils aîné de la sœur la plus âgée, peuvent prétendre à la succession du chef de terre. Les mécanismes coutumiers de gestion foncière définissent a priori les niveaux de propriété foncière. Toute décision étatique qui n'intègre pas ce modèle coutumier d'attribution ou de possession foncière pourrait être préjudiciable à une gestion harmonieuse.

L'étude entreprise par Rangé (2016) s'inscrit dans cette perspective. L'objectif est d'examiner le lien entre la gouvernance foncière étatique et le multi-usage conflictuel de l'espace. L'auteur a effectué, par le truchement d'entretiens, des observations auprès de différents acteurs économiques, politiques et des institutions foncières. Cette recherche fait état d'une déstabilisation des coordinations entre acteurs organisant le partage et l'usage de l'espace par les interventions des pouvoirs supra-locaux à travers les politiques de démocratisation foncière. Des résultats comparables sont observés, lorsque l'on s'intéresse à la recherche menée par Lawali et al. (2014). L'enquête réalisée par ces derniers a porté sur un échantillon de 80 chefs d'exploitations foncières, notamment les chefs coutumiers, les responsables de commissions foncières, les maires et les leaders religieux. L'on montre, à l'issue de cette exploration, que le taux d'acquisition des titres et actes fonciers selon la procédure moderne est très faible. Les commissions foncières sont confrontées à des pratiques coutumières qui ne permettent pas l'application des outils modernes de propriété et de sécurisation foncière. En clair, la formalisation légale côtoie les pratiques traditionnelles de gestion et d'usage des ressources foncières.

L'on pourrait noter que la gouvernance foncière est soumise à la fois à un double principe : celui que propose la tradition et la coutume locales et la procédure démocratique que promeut le système moderne. Alors que le premier privilégie une héritabilité foncière commune et ancestrale, le second met l'accent sur une appropriation foncière démocratique médiée par des outils circonstanciels ou temporels. Ceux-ci sont souvent formulés sous forme de loi, de décrets gouvernementaux.

3. 2. Lois, décrets de gestion et niveau de propriété foncière

La propriété foncière dans les États, notamment en Côte d'Ivoire, est organisée par divers lois et décrets. Trois lois élaborées en lien avec la structuration nouvelle de la propriété foncière sont présentées dans la présente partie du travail. La première loi évoquée est celle intitulée Loi 98-750 du 23 décembre 1998 relative au domaine foncier rural. Elle définit le Domaine Foncier Rural (DFR) comme l'ensemble des terres mises en valeur ou non et quelle que soit la nature de la mise en valeur. Le DFR constitue un patrimoine national auquel toute personne physique ou morale peut accéder. Seuls l'État, les collectivités publiques et les personnes physiques ivoiriennes sont admis à en être propriétaires (Article 1).
Le DFR se compose de terres hors du domaine public, de celles hors des périmètres urbains, hors des zones d'aménagement différé officiellement constituées, hors du domaine forestier classé. Dans sa dimension permanente, le DFR comprend des terres propriété de l'État, des terres propriété des collectivités publiques et des particuliers, des terres sans maître. Le DFR, dans son aspect transitoire, fait référence à des terres du domaine coutumier, à celles du domaine concédé par l'État à des collectivités publiques et des particuliers (Article 2). Le Domaine Foncier Rural Coutumier (DFRC) concerne, quant à lui, les terres sur lesquelles s'exercent des droits coutumiers conformes aux

traditions ou des droits coutumiers cédés à des tiers (Article 3).
Ainsi, la propriété d'une terre du Domaine Foncier Rural est établie à partir de l'immatriculation de cette terre au Registre Foncier ouvert à cet effet par l'Administration et, en ce qui concerne les terres du domaine coutumier, par le Certificat Foncier. Des modifications ont été apportées à ces dispositifs qui régulent la propriété foncière. L'on peut noter celles contenues dans l'Article 26 nouveau de la loi n° 2004-412 du 14 août 2004.
Dans ce cadre, les droits de propriété de terres du DFR acquis antérieurement à la présente loi par des personnes physiques ou morales ne remplissant pas les conditions d'accès à la propriété fixées par l'article premier ci-dessus sont maintenus. Les propriétaires concernés par la présente dérogation figurent sur une liste établie par décret pris en Conseil des ministres. Les droits de propriété acquis par des personnes physiques antérieurement à la présente loi sont transmissibles à leurs héritiers. Les personnes morales peuvent céder librement les droits de propriété acquis antérieurement à la présente loi. Des changements ont été apportés à la disposition relative à la propriété foncière à travers la loi n° 2019-868 du 14 octobre 2019.
Celle-ci réaffirme que la propriété d'une terre du DFR est établie à partir de l'immatriculation de cette terre au Registre Foncier ouvert à cet effet par l'Administration. Dans le DFRC, les droits coutumiers sont constatés par le Certificat foncier. Les terres objet de certificats fonciers individuels ou collectifs doivent être immatriculées dans un délai fixé par décret pris en Conseil des ministres. La procédure d'immatriculation des terres objet de certificats fonciers est définie par décret (Article 4 nouveau). Les terres qui n'ont pas de maître appartiennent à l'Etat et sont gérées suivant les dispositions de l'Article 21. Elles comprennent les terres du domaine coutumier sur

lesquelles des droits coutumiers exercés de façon paisible et continue n'ont été constatés dans un délai fixé par décret pris en Conseil des ministres. Les terres concédées sur lesquelles les droits du concessionnaire n'ont pas été consolidés dans un délai fixé par décret en conseil des ministres portent le statut de terres sans maître. Le défaut de maître est constaté par décret pris en conseil des ministres. La procédure de constatation des terres sans maître est définie par décret (Article 6 nouveau).

La propriété foncière est organisée par des lois étatiques qui promeuvent différents niveaux de propriété. L'on note une propriété foncière qui relève du droit coutumier, une qui est portée par l'État et une autre par acquisition ou par héritage. Selon les dispositions qu'impliquent la gouvernance coutumière ou étatique, l'on a une variabilité concernant les niveaux de propriété foncière.

De ce qui précède, l'on pourrait formuler l'hypothèse de recherche suivante.

Hypothèses

La présente recherche est sous-tendue par une hypothèse qui se présente sous deux formes : générale et spécifique.

Hypothèse générale

Le mode de gouvernance crée des niveaux de propriété foncière différents.

Hypothèses spécifiques

La gouvernance coutumière locale promeut un niveau de propriété foncière unique, comparativement à la gouvernance foncière générale ;

Le chevauchement entre la gouvernance coutumière et la gouvernance générale est à l'origine des conflits fonciers.

DEUXIÈME PARTIE

ESPACE PRIMO-OCCUPÉ
ET
RE-PATRIMONIALISATION FONCIÈRE

Chapitre IV
Précisions terminologiques

La présente étude explore l'effet de la gouvernance foncière sur le niveau de propriété. La mesure de cette relation implique l'élaboration d'un cadre permettant d'observer les variables mises en relation. L'observation valide de celles-ci ne pourrait se faire sans que l'on ait un contenu explicite et contextuel de ces facteurs.

4. 1. Gouvernance foncière

La gouvernance foncière se réfère aux mécanismes et traditions qui définissent la manière dont le pouvoir et les responsabilités sont exercés, les décisions prises par les individus sur la gestion et la protection de leurs ressources (UICN, 2004). Elle est l'organisation, l'administration coutumière, étatique et juridique des terres ou sols en lien avec les populations (Convention des Nations unies sur la lutte contre la désertification, 2020). La gouvernance foncière serait la définition, la reconnaissance, l'établissement d'un régime foncier légal, officiel, c'est-à-dire formel, écrit ou informel, non écrit, non officiel à la possession ou à l'usage des terres et des sols.

Dans le régime légal, l'État crée des institutions, élabore des procédures de contrôle des terres pendant que le droit d'utilisation, de cession des terres est détenu par la partie privée. Ce régime pourrait être celui dans lequel l'État détient tous les droits sur la terre, puis les attribue à des individus, des groupes et des organisations. Dans ce type de régime, l'État affirme souvent que la terre est détenue et gérée en fiducie pour le compte de la population. Dans la catégorie du régime coutumier, les terres appartiennent généralement à des communautés autochtones ou locales et sont administrées conformément à leurs coutumes. La

propriété revient à la famille, au groupe, à la communauté ou à la tribu. La terre est souvent attribuée par les autorités coutumières, telles que les chefs ou anciens de la tribu.
Ainsi, les lois, les ordonnances, les décrets, les arrêtés fonciers structureraient la gouvernance légale du foncier. En revanche, les pratiques traditionnelles et les usages communs consacrés par le temps relèvent de ce que l'on pouvait appeler la gouvernance coutumière de la propriété foncière. Selon la gouvernance, celle-ci est susceptible de varier

4. 2. Niveau de propriété foncière

La propriété foncière est un patrimoine de nature foncière appartenant à une personne (Dubler, 2010). Elle est la possession d'un espace et des ressources qui se trouvent sur le sol et le sous-sol (Client, 2014). La propriété foncière serait l'appropriation par une personne d'une terre, d'un sol qui lui est reconnue. Elle renvoie ainsi à l'exercice d'un droit de légitimité ou de légalité sur une parcelle de terre. La détention foncière serait sous-tendue par le consentement social ou légal. Une personne propriétaire terrien est celle à qui sa société, son groupe lui attribue des terres ou celle nommée par la loi.
L'on pourrait distinguer une propriété foncière sociale d'une propriété foncière légale. Ces deux niveaux de propriété foncière sont susceptibles d'être observés parallèlement au sein de la population.

Chapitre V
Expérience chez des villages AVB de Béoumi, Côte d'Ivoire

L'étude s'intéresse au niveau de propriété que distribue le mode de gestion des ressources foncières utilisé par des villages déplacés (AVB) sur des espaces déjà occupés par d'autres villages. Les villages déplacés et les villages hôtes constituent la population d'étude.

5. 1. Population d'étude

La question de la propriété foncière est une préoccupation pendante. D'un espace humain à l'autre, les populations sont à la recherche de terre sociale ou légale. Des études, dans ce sens, montrent que des populations, notamment des paysans africains, sont confrontés à une compétition foncière qui les amène à survivre sur des surfaces insuffisantes à assurer la viabilité des exploitations (ONUAA, 2011). La lutte pour la terre semble s'observer dans la plupart des régions africaines, notamment en Côte d'Ivoire. Plusieurs populations des villages ivoiriens squattent des espaces pour la réalisation tant des habitations que d'activités agricoles de subsistance (Kouassi, 2017).

La situation se révèle plus marquante dans les villages ayant été soumis à des déplacements 'conventionnels' ou arrangés. Le déménagement des villages installés le long du fleuve Bandama, dans le département de Béoumi, dans des villages situés au Nord-Est de ce fleuve serait une illustration de cette forme d'occupation foncière. Les populations sont évacuées de leur terre d'origine de septembre 1971 à avril 1975 par l'Autorité pour l'aménagement de la Vallée du Bandama (AVB) dans le cadre de la construction du barrage de Kossou sur le fleuve Bandama. L'on fait état d'un déplacement de 80000 personnes (Prowizur, 1976). Celles-ci se retrouvent, de ce point de vue, installées sur des terres accordées par les villages accueillants. Il en résulte un partage implicite des ressources foncières (terre, eau) entre ces deux groupes de villages. Sur un même espace, cohabitent désormais 56 villages dont 12 accueillants et 44 accueillis (Prowizur, op. cit.).

Une proportion importante de ceux-ci a été forcée de quitter son patrimoine foncier situé à 10 kilomètres de son nouvel environnement de vie. Les autres proviennent d'espaces hérités distants de 3 à 5 kilomètres de leurs espaces d'accueil. Ces villages se posent comme un ensemble de groupes socio-territoriaux susceptible de permettre de mettre en situation la relation supposée entre la gouvernance et le niveau de propriété. L'hétérogénéité et l'étendue des villages pourrait rendre difficile une mesure exhaustive de ce lien. La sélection de quelques-uns d'entre eux apparaît nécessaire.

5. 2. Échantillon

Les villages de l'AVB sont composés de villages dont la majorité est située loin de sa terre ancestrale. L'on compte dans cette optique, les villages d'Assakra, Bourebo, Kongobo, Kouadio-Sakassou, Kendê-kan, Kékrénou, Dieviéssou et Niambrun. Ils sont des hôtes des villages autochtones installés depuis des années avant l'avènement de l'AVB. Les villages tuteurs sont essentiellement ceux ayant conclu un accord de cession avec l'AVB. L'on note notamment Afotobo, Zedê-Kan, Akadiafoué, Kendê-Dan, Ando et Sopka.

Selon le statut des villages accueillants, l'on pourrait observer une attitude variable envers les villages déplacés du point de vue du partage des ressources foncières. Ainsi, les autorités, c'est-à-dire les chefs, les notables, les leaders communautaires et les chefs de famille plus accessibles sur le double plan social et cognitif, sont susceptibles d'être considérés dans l'étude. L'information relative à la transformation de l'espace foncier et socio-politique pourrait être obtenue auprès de personnes ayant des liens avec les ancêtres du village. L'on peut en identifier les successeurs et les descendants des fondateurs du village. Ces héritiers semblent disposer des informations sur la cartographie ou la parcellisation foncière du village. Ils sont en mesure de fournir un répertoire chronologique des propriétaires, des locataires, des acquéreurs ou des personnes à qui l'on a offert des parcelles par alliance ou par générosité.

L'on peut aussi observer le phénomène en questionnant les personnes témoins des préparatifs des déguerpissements ou des relocalisations des villages et les représentants des villages ayant été délocalisés. Ces personnes possèdent des informations pouvant être utilisées pour recouper les primo-informations, c'est-à-dire celles apportées par les gouvernants des villages. Les représentants des Organisations Non Gouvernementales, des mutuelles, des associations et l'Agence Foncière Rurale intègrent la liste de sujets pouvant être soumis à l'observation. En fait, ces humanitaires et entités locales tendent généralement à posséder des informations sur les vécus et les conditions de vie, notamment fonciers des populations. La prise en compte des sujets issus de ces groupes offre l'occasion d'observer le phénomène de façon plus holistique.

L'expérience serait d'autant plus globalisante que les représentants des délocalisateurs sont interrogés. Des responsables du Bureau National d'Études Techniques et de Développement (BNETD), du Ministère du Plan et du Développement et ceux du Ministère de l'Agriculture sont des sujets à utiliser dans l'observation de l'objet. Celui-ci a des aspects dont l'examen nécessite la contribution de personnes s'étant souvent intéressées à un tel objet, notamment les députés, les juristes, les avocats et les magistrats. Ces spécialistes pourraient permettre l'observation du cadre normatif de l'objet étudié. Les sujets à considérer dans l'observation du phénomène semblent disposer de savoir et d'expériences permettant de retracer l'évolution de la situation foncière de la zone d'étude. Aussi, présentent-ils des caractéristiques sociodémographiques, professionnelles et culturo-éducatives variables. Ils ne sont pas identiquement distribués. Cette variabilité des sujets ne permet pas un choix aléatoire d'un échantillon homogène d'entre eux. Or, l'homogénéité de l'échantillon est un critère de validité de cette fraction de sujets et d'inférence statistique (Ondo et al., 1997). Ainsi, une technique susceptible de générer un échantillon relativement moins hétérogène, en l'occurrence celle de l'échantillonnage au jugé, a été utilisée. L'application de cette technique a permis de sélectionner 35 villages dont 29 déguerpis ou AVB et 6 villages tuteurs. Les villages AVB sont Diéviéssou (6), Niambrun (4), Assakra (4), Kongobo(4), Yoboué Nzué (3), Kouadio-Sakassou / Kouebo-kan, Bourebo, Sopka / Pkalebo, Kendê-Dan /Rousse et Kekrenou. Les villages de Zedê-Kan, Akadiafoue, Ando, Sopka, Kendê-Kan et Afotobo sont les villages tuteurs retenus. Les deux types de villages abritent chacun des populations composées d'autochtones et d'allochtones (Koné, 2003). Les relations de ces deux groupes d'habitants d'un même village à la terre locale pourraient ne pas être similaires. Ainsi, deux habitants d'un village, selon leur statut, auraient des droits fonciers spécifiques et différents. Considérant cette variabilité sociodémographique des habitants comme un critère d'inclusion ou de non inclusion, 320 personnes des villages AVB et 120 des villages tuteurs ont été échantillonnés. La structure et la proportion de sujets retenus sont présentées selon le type de village (tableaux I, II, III et IV).

Tableau I : Description du statut des participants selon le type de village

TV	N	Acteurs à enquêter						Total
		LC		CC		MV		
	N	N	%	n	%	n	%	
AVB	321	63	19,63 %	36	11,21 %	222	69,16 %	100 %
VT	120	33	27,5 0%	3	2,50 %	84	70,00 %	100 %

TV : Type de village ; VT : Village Tuteur ; LC : Leader Communautaire ; CC : Chef Communautaire ; MV : Membre du village ; N : Effectif global ; n : Effectif partiel ; % : pourcentage

L'échantillon de l'étude a été construit à partir de trois catégories de personnes issues des deux types de villages considérés. Les membres des villages (69% contre 70%), les leaders (20% contre 28%) et les chefs communautaires (21,21% contre 2,50%) ont été les personnes sollicitées (tableau I).

Tableau II : Description du sexe des participants suivant le type de village

TV	N	Sexe de l'enquêté				Total
		F		M		
	N	n	%	n	%	
AVB	321	82	25,55%	239	74,45%	100%
VT	120	20	16,67%	100	83,33%	100%

N : Effectif global ; n : Effectif partiel ; % : pourcentage ; TV : Type de Village ; VT : Village Tuteur ; F : Féminin ; M : Masculin

Les participants des villages AVB de sexe masculin représentent dans l'échantillon une proportion de 74,45% et ceux de sexe féminin y constituent une entité de 25,55%. Les participants des villages tuteurs sélectionnés comprennent 83,33% de sexe masculin et 16,67% de sexe féminin (tableau II).

Tableau III : Présentation de la tranche d'âge des participants selon le type de village

Type de village	Effectif	Tranche d'âge								Total
		Adolescent		adulte		Jeune		Personne âgée		
	N	n	%	n	%	n	%	n	%	
Village AVB	321	19	5,92%	115	35,83 %	119	37,07 %	68	21,18 %	100%
Village tuteur	120	21	17,50 %	47	39,17 %	23	19,17 %	29	24,16 %	100%

N : Effectif global ; n : Effectif partiel ; % : pourcentage

L'on observe que dans les villages AVB les participants jeunes retenus représentent une proportion de 37,07%, les adolescents de 5,92%, les adultes de 35,83% et les personnes âgées de 21,18%. Dans les villages tuteurs, les personnes sélectionnées se caractérisent par un pourcentage d'adultes de 39,17%, de jeunes de 19,17%, d'adolescents de 17,50% et de personnes âgées de 24,16% (tableau III).

Tableau IV : Description du niveau d'études des participants suivant le type de village

Type de village	Effectif	niveau d'études								Total
		Analphabète		Primaire		Secondaire		supérieur		
	N	n	%	n	%	N	%	n	%	
Village AVB	321	148	46,11 %	97	30,22 %	73	22,74 %	3	0,93%	100 %
Village tuteur	120	45	37,50 %	33	27,50 %	41	34,17 %	1	0,83%	100 %

N : Effectif global ; n : Effectif partiel ; % : pourcentage

L'on note, dans les villages AVB, que la proportion des participants analphabètes considérés est de 46,11%, celle des contributeurs de niveaux d'études primaire est de 30,22%. Les sujets des niveaux d'études secondaire ou supérieur occupent 22,74% ou 0,93% de l'échantillon constitué. Les participants des villages AVB sont composés de 37,50% de sujets analphabètes, de 27,50% de sujets de niveau primaire, de 34,17% de sujets de niveau secondaire et de 0,83% de participants de niveau d'études supérieur.

L'observation du phénomène, à travers ces sujets, permet de décrire et analyser les niveaux de propriété foncière. La réalisation de cette expérience implique la prise d'informations et le traitement de celles-ci.

Chapitre VI
Collecte et techniques de traitement des données

L'étude questionne le statut des détenteurs de terre en fonction du mode de gouvernance foncière. La réponse à cette question nécessite que l'on observe le fonctionnement de cette relation supposée. Cette opération consiste à rechercher les éléments permettant de mesurer cette relation. L'on parle de collecte des données.

6. 1. Collecte des données

La mesure du niveau de propriété en considérant la gouvernance qui est appliquée aux ressources foncières ne pourrait se réaliser que si l'on dispose d'informations sur les variables mises en rapport. La collecte de ces informations nécessite l'utilisation d'outils spécifiques, c'est-à-dire des instruments de recherche.

6. 1. 1. Instruments de la recherche

Les informations qui ont trait aux différents facteurs à explorer chez les villages semblent difficilement accessibles, en dehors de ceux-ci. Il importe donc d'utiliser des stratégies, des méthodes ou des moyens pouvant les impliquer suffisamment. L'utilisation des moyens, comme le questionnaire et la technique d'entretien apparaît les mieux indiqués pour nous fournir des informations caractéristiques des villages étudiés.

6. 1. 1. 1. Questionnaire

Le questionnaire fait partie des techniques d'observation qui permettent d'obtenir des informations qu'il serait difficile d'avoir autrement. En pratique, la collecte d'informations avec le questionnaire est plus aisée et les données obtenues peuvent être traitées ou recoupées avec moins de difficultés. L'usage plus facile de cet outil semble d'autant plus vrai qu'il est composé d'un nombre plus ou moins élevé de questions présentées par écrit au sujet et portant sur ses opinions, son goût, son comportement dans certaines circonstances précises et ses intérêts (Huteau, 1995).

De même, il est aussi utilisé lorsqu'il s'agit de collecter des informations relatives aux conditions de vie, au climat relationnel et social d'une population cible (N'da, 2002). En d'autres termes, le questionnaire a pour rôle de nous renseigner sur les caractéristiques socio-démographiques des individus, ainsi que sur leur façon d'apprécier, de juger des phénomènes humains ou environnementaux. Ce faisant, il constitue une technique d'observation à laquelle l'on pourrait recourir, si des informations recherchées portent sur des variables sus-évoquées.

Les informations relatives à de telles variables se révèlent nécessaires dans le présent travail. Ainsi, l'examen de ces dernières implique l'élaboration d'un questionnaire, comprenant 50 items, présenté sous une seule forme, adressé aux chefs, aux notables, aux leaders communautaires et des chefs de famille des villages, accueillis et accueillants de l'AVB (annexes I).

Le questionnaire se structure en questions fermées et en questions semi-fermées. Celui-ci permet de faire apparaître clairement les caractéristiques socio-démographiques, économiques de nos sujets ainsi que leurs comportements de cohabitation et de partage foncier. Il permet d'explorer les différents textes qui gouvernent la propriété ou l'appropriation foncière. La mise en évidence des éléments qui sous-tendent les comportements des uns et des autres ne pourrait se faire qu'à travers des opérations d'inférence, c'est-à-dire des échanges avec les sujets eux-mêmes. Un entretien, tenant compte de la délicatesse des informations à recueillir et le statut des sujets à examiner, est réalisé avec ceux-ci dans cette perspective.

6. 1. 1. 2. Entretien

La présente étude cherche à examiner le niveau de propriété foncière par la prise en compte de la gouvernance foncière, c'est-à-dire des lois législatives, les textes gouvernementaux, administratifs et les droits coutumiers (des textes législatifs, réglementaires, administratifs et des droits coutumiers) qui la fondent. Elle explore les catégories de propriétaires, les utilisateurs terriens qu'entraîne la variabilité de la gouvernance foncière. Le caractère complexe et difficilement saisissable de ces mécanismes qui régule le foncier rural est souvent à l'origine d'opinions, d'interprétations diverses et différentielles. L'examen de ces avis et commentaires amène à les inférer.

Or, l'inférence, même à travers les outils de captation les plus sophistiqués, ne rend parfaitement pas toujours compte des phénomènes humains comme les processus internes (Rogers, 1951). En d'autres termes, le questionnaire d'enquête utilisé dans ce cadre ne permet pas suffisamment d'obtenir des informations totales et complètes sur de tels phénomènes immatériels. En outre, le questionnaire, du fait de sa structuration, son contenu ainsi que l'objectif qui le fonde, ne pourrait fournir des informations sur des aspects des mécanismes du comportement humain qui sont au-delà de son champ d'investigation, notamment le vécu relationnel et environnemental de nos sujets.

L'entretien se révèle être la technique d'inférence la mieux adaptée pour l'observation de ces éléments qui orientent les comportements des individus. L'utilisation de cette technique offre donc un cadre permettant d'explorer les processus internes, qui structurent les comportements fonciers des sujets. Cette exploration sociale, du fait de sa délicatesse et de sa complexité, demande une certaine souplesse dans les questions à poser au sujet, une orientation subtile de ses interventions. L'approche indiquée dans une telle relation clinique consiste donc à organiser un entretien semi-directif, plutôt que directif ou non directif. Le recours à ces outils permet de collecter des données portant à la fois sur la propriété foncière et la gouvernance de celle-ci. La réalisation de cette expérience est orientée par une série de dispositions, c'est-à-dire une procédure.

6. 1. 2. Procédure de collecte des données

Il est question dans le présent travail d'examiner la relation entre la gouvernance et le niveau de propriété foncière chez des populations vivant à Béoumi au centre de la Côte d'Ivoire. Le mécanisme qui sous-tend le niveau d'appropriation des populations de Béoumi compte se faire suivant la gestion qu'entreprennent les communautés. Dans cette partie du présent travail, nous allons évoquer les différentes étapes qui permettent d'aboutir à la collecte des données.

La présente étude a nécessité au préalable l'accord des autorités administratives et coutumières du département de Béoumi. Après ces différentes autorisations, l'on a rencontré les différents responsables communautaires, notamment les chefferies des villages, les chefs de terres, les responsables de quartiers, les responsables de jeunesse, les responsables religieux et les responsables de femmes, afin d'avoir également leurs cautions, pour intégrer les communautés. D'emblée, ces derniers nous ont permis d'avoir les informations préliminaires relatives à la gestion foncière dans leur communauté.

La collecte des données s'est déroulée suivant deux grandes phases, en l'occurrence la pré-enquête qui a permis de se familiariser avec les outils, d'apprendre et de manipuler les différentes variables étudiées, et l'enquête proprement dite.

6. 1. 2. 1. Pré-observation

La relation entre la gouvernance et le niveau d'appropriation foncière chez des populations déguerpis de Béoumi est celle à laquelle s'intéresse la présente étude. L'observation de cette relation dans un milieu d'accueil se révèle être contextualo-spécifique. La réalisation d'une telle exploration implique une opération de repérage du cadavre socio-démographique, de préparation ou d'évaluation des outils de l'expérience. Dans cette perspective, une pré-observation a été effectuée le 24 août 2021 auprès de 14 autorités coutumières, 9 chefs de familles des villages de Niambrun, d'Ancien Bourebo et une autorité administrative en lien avec le questionnement examiné. Les participants sélectionnés ont été soumis à un entretien individuel semi-directif ou collectif. Cette expérience préliminaire a permis d'obtenir des informations sur l'espace d'étude, d'orienter la supposition implicite, d'évaluer les outils élaborés ou d'anticiper les contenus de ceux à construire. La présente mesure préparatoire a été nécessaire à l'observation systématique ou structurée.

6. 1. 2. 2. Observation proprement dite

L'examen du niveau d'appropriation foncière en lien avec la gouvernance foncière a favorisé une procédure de collecte de données. Celle-ci implique une investigation auprès d'un échantillon disponible qui présente les mêmes caractéristiques. La présente enquête a concerné d'une part les populations des villages AVB et d'autre part, ceux des villages tuteurs.

L'enquête s'est déroulée dans les différents villages AVB (Diéviéssou, Niambrun, Assakra, Kongobo, Yoboue-Nzué, Bourebo, Rousse, Kouadio-Sakassou, Kouebo-kan, Pkalebo, Kékrénou) et tuteurs (Zedê-kan, Afotobo, Kouassi-Kouamekro, Kendê-Dan, Ando, Sopka) du département de Béoumi, sur une période d'une semaine, c'est-à-dire du 13 au 19 décembre 2021. La variation du niveau d'appropriation d'une catégorie d'individu à une autre, nous a amené à sélectionner les individus suivant les périodes d'installation.

D'abord, pour mieux appréhender le mécanisme qui sous-tend le niveau d'appropriation suivant la gouvernance foncière et avoir plusieurs réponses sur une question, dans chaque village, un focus groupe a été entrepris avec le chef de village, ses notables, le chef de terre et les chefs de famille.

Ensuite, des entretiens semi-structurés ont été menés dans chaque village. Dans ce sens, il faut noter que, pour les villages regroupés, 40 individus par village ont été interrogés. En revanche, pour les villages non regroupés vingt (20) individus par village ont été interviewés. Cette procédure, préalablement énumérée, a permis de questionner le problème chez un échantillon de 440 individus.

Dans une autre perspective, il faudrait indiquer que, des étudiants issus de la région et s'exprimant suffisamment dans la langue locale ont apporté leur contribution à l'observation. Ces assistants observateurs, composés de huit jeunes gens, ont été formés à la compréhension des outils et à leur utilisation conformément à la problématique, à l'objectif et aux caractéristiques sociodémographiques des participants à l'étude. Ils étaient orientés et supervisés par une équipe ayant une expérience d'enquête et également formée sur les fondamentaux de l'étude.

L'ensemble de ces opérations d'observation a permis d'obtenir des données de nature quantitative ou qualitative en lien avec les variables examinées. Le passage des informations issues de l'expérimentation de la relation supposée entre ces facteurs à des éléments qui donnent un sens à ce lien nécessite que les données soient soumises à un examen, une mesure, c'est-à-dire un traitement.

6. 2. Technique de traitement des données

L'un des procédés utilisé dans le présent travail est celui mettant l'accent sur les contenus donnés par les sujets aux différentes variables. Ces données textuelles ne peuvent être examinées qu'à travers une technique particulière, l'analyse de contenu.

6. 2. 1. Analyse de contenu

L'entretien semi-directif individuel ou de groupe organisé avec les composantes des villages accueillis et accueillants a permis d'obtenir des informations sur le vécu relationnel de ces derniers sur le plan socio-foncier, d'une part, et sur la réglementation foncière d'autre part. Ces informations se présentent sous forme de propos, de discours, d'opinions, d'avis, c'est-à-dire de phrases, de morceaux de phrases, de mots, de substantifs ou de verbes évoquant des idées.

Celles-ci, selon Andreani et Conchon (2005), sont synonymes de sensations, d'émotions, d'images mentales, de souvenirs profonds, mais aussi de positions et d'attitudes dissimulées. En d'autres termes, les diverses réponses des villages aux différentes questions qui leur sont posées ne sont pas loin de refléter de façon disparate les différents affects, de pressions, de pulsions caractéristiques de leur vécu foncier.

L'on pourrait ainsi identifier, à travers les discours des uns et des autres, appelés verbatims, les savoirs qui y sont cachés, nécessaires à la reconstruction ou à la mise en évidence du profil foncier correspondant à chacun des villages. Pour ce faire, les verbatims sont soumis à un examen, à une analyse systématique, rigoureuse et exhaustive afin d'en extraire les contenus latents. Les informations relatives à l'ensemble des variables examinées se présentent sous forme de données individuelles ou catégorielles brutes, dont la généralisation suppose une analyse adaptée. Généralement dans un tel cas, l'on a recours à l'analyse statistique.

6. 2. 2. Analyse statistique

Les données issues du dépouillement du questionnaire et de l'analyse de contenu des verbatims se présentent sous forme de fréquences de textes de lois, de comportements ou d'attitudes fonciers. Le traitement de telles données (qualitatives) ne peut se faire qu'en recourant à une technique statistique particulière. Le test exact de Fisher, appliqué dans le cas d'échantillons indépendants, apparaît être la technique appropriée pour juger de la relation entre la gouvernance et le niveau de propriété foncière. Les résultats de cet examen sont attendus.

TROISIÈME PARTIE

RETOUR D'EXPÉRIENCE

Chapitre VII
Analyse des niveaux de propriété en fonction de la gouvernance foncière dans les villages AVB

La relation entre les mécanismes d'appropriation, de cession foncière et de niveau de propriété est celle à laquelle s'intéresse la présente étude. Les observations réalisées dans ce sens auprès de deux types de villages : villages tuteurs et villages hébergés (AVB) ont permis d'obtenir des données qui ont fait l'objet d'une double analyse : quantitative ou qualitative.

7. 1. Analyse quantitative

Les données obtenues concernant la gouvernance foncière des villages évoqués et le niveau de propriété ont été soumises à une analyse quantitative dont les résultats sont présentés en quatre parties. La première partie porte sur les résultats relatifs aux caractéristiques socio-démographiques des villages considérés. Les ressources foncières selon les villages sont exposées dans la deuxième partie des résultats. Les résultats du lien entre les modalités ou les formes d'appropriation, de cession foncière et le niveau de propriété sont présentés dans la troisième partie. Les conflits en rapport avec la gouvernance foncière constituent la quatrième partie des résultats.

7. 1. 1. Caractéristiques sociodémographiques des villages

L'examen des données relatives aux villages considérés a permis de sélectionner des informations portant sur les caractéristiques sociodémographiques de ces agglomérations. Le traitement de ces données aboutit à des résultats dont l'essentiel est présenté.

Tableau V : Comparaison de la date de création du village AVB à celle du village tuteur

TV		Date de création du village						Total
		Avant l'indépendance		De l'indépendance à 1990		Pas de réponse		
	N	N	%	n	%	n	%	%
AVB	320	148	46,11%	90	28,03%	83	25,86%	100%
VT	120	88	73,33 %	0	0,0%	32	26,67 %	100%
p		Fisher= 0,000 s						

TV : Type de Village ; N : Effectif global ; n : Effectif partiel ; % : pourcentage ; s : significative ; p = p-value

L'on note que moins de la moitié des villages déplacés AVB a été créée avant l'indépendance (46,11%), contrairement aux villages tuteurs. Plus de deux tiers de ces derniers ont été fondés avant l'indépendance (73,33%). L'écart observé entre les dates de création des villages AVB et tuteurs est statistiquement significatif (p-value=0,000 < 0,05, tableau V). La date de création variable des villages suivant le type de village semble montrer que les créateurs sont arrivés dans cette zone à des périodes différentes. Le lieu de provenance de ces fondateurs pourrait en être la source.

Tableau VI : Comparaison du lieu de provenance du fondateur du village AVB à celui du village tuteur

Type de village		Provenance du fondateur												Total
		Centre		Est		Ghana		Pas de réponse		Nord		Ouest		
	N	N	%	n	%	n	%	n	%	n	%	n	%	%
Village AVB	321	133	41,44 %	52	16,19 %	54	16,83 %	79	24,61%	1	0,31%	2	0,62%	100 %
Village tuteur	120	68	56,66 %	8	6,66%	17	14,18 %	27	22,5 %	0	0,0 %	0	0,0%	100 %
p-value	Fisher= 0,023 s													

N : Effectif global ; n : Effectif partiel ; % : pourcentage ; s : Différence significative

L'analyse des résultats relatifs à la provenance des fondateurs montre une similarité entre les villages déplacés AVB et les villages tuteurs concernant le sens de la fréquence du lieu de provenance du fondateur selon le type de village. Le fondateur du village AVB est fréquemment originaire du Centre (41,44%), du Ghana (16,83%), de l'Est (16,19%), de l'Ouest (0,62%) ou du Nord (0,31%). Celui du village tuteur, à l'instar du fondateur AVB, vient régulièrement aussi du Centre (56,66%), du Ghana (14,18%) et de l'Est (6,66%) (tableau VI). L'on note, toutefois, une différence entre les deux types de fondateurs portant sur le niveau de fréquence des lieux de provenance. Le contrôle statistique conforte cet écart en faveur du village tuteur (p-value = 0,023, tableau VI). Le fondateur de celui-ci serait plus conquérant que celui du village déplacé AVB. Cette différence entre le rythme de conquête de territoire par des fondateurs serait due à des caractéristiques individuelles spécifiques, notamment le sexe.

Tableau VII : Comparaison du sexe du fondateur du village AVB et celui du fondateur du village tuteur

Type de village		Sexe du fondateur				Total
		Féminin		Masculin		
	N	n	%	n	%	%
Village AVB	321	28	8,72%	293	91,28 %	100%
Village tuteur	120	0	0,0%	120	100%	100%
p-value		Fisher= 0,000 s				

N : Effectif global ; n : Effectif partiel ; % : pourcentage ; s : significative.

L'on note que, chez les villages déplacés AVB, 8,72% des fondateurs sont de sexe féminin et 91,28% sont de sexe masculin. Une tendance contraire est observée chez les villages tuteurs. Les fondateurs de ceux-ci sont tous de sexe masculin 100%). La confrontation statistique indique une différence significative entre la comparaison des villages AVB et tuteurs selon le sexe du fondateur (p-value =0,000, tableau VII). L'écart entre les deux types de fondateurs serait donc biologique. La bioparticularité du fondateur, qui varie du village déplacé AVB au village tuteur, s'étendrait-elle à d'autres caractères biologiques ? L'examen de l'âge de ces fondateurs pourrait apporter des éléments de réponse.

Tableau VIII : Comparaison de l'âge du fondateur du village AVB à celui du village tuteur

Type de village	Effectif	Age du fondateur										Total
		18-35 ans		36-45 ans		46-60 ans		60 ans et plus		Pr		
	N	n	%	n	%	n	%	n	%	n	%	%
Village AVB	321	4	1,24 %	14	4,36 %	4	1,25 %	6	1,87 %	293	91,28 %	100 %
Village tuteur	120	1	0,84 %	8	6,66 %	2	1,66 %	1	0,84 %	108	90,00 %	100 %
p-value		Fisher= 0,795 ns										

N : Effectif global ; n : Effectif partiel ; % : pourcentage ; s : significative ; PR : Pas de réponse

L'âge du fondateur du village déplacé AVB est relativement similaire à celui du fondateur du village tuteur. La différence apparente entre les villages concernant l'âge des fondateurs n'est pas statistiquement significative (p-value = 0,795, tableau VIII). Le profil biologique plus ou moins comparable des fondateurs des villages serait sous-tendu par un patrimoine génétique relativement superposable. L'exploration de l'ascendance des fondateurs des villages pourrait rendre plausible ou non cette hypothèse.

Tableau IX : Comparaison de l'ascendant du fondateur du village AVB à celui du village tuteur

Type de village		Ascendance du fondateur								Total
		Abla pkô		Abla Pokou		Nanan Yagoli acla		Pas de réponse		
	N	N	%	n	%	n	%	n	%	%
Village AVB	321	57	17,75 %	194	60,43 %	1	0,32%	69	21,50%	100%
Village tuteur	120	18	15,0%	72	60,0%	0	0,0%	30	25,0 %	100%
p-value		Fisher= 0,757 ns								

N : Effectif global ; n : Effectif partiel ; % : pourcentage ; ns : non significatif.

Le village AVB ne diffère pas du village tuteur quant à l'ascendance du fondateur. Les fondateurs des villages AVB ou tuteurs semblent être liés par le même ancêtre. Ils sont majoritairement descendants de Abla Pokou (60,43% contre 60,0%) et d'Abla pkô (17,75% contre 15,0%). Cette similarité de l'ascendant des fondateurs est étayée par le jugement statistique (p-value=0,757, tableau IX). L'origine ancestrale relativement identique des fondateurs des villages serait synonyme d'une appartenance à un peuple de condition commune, c'est-à-dire à une ethnie équivalente.

Tableau X : Comparaison de l'ethnie du fondateur du village AVB à celle du fondateur du village tuteur

Type de village		Ethnie du fondateur								Total
		Ashanti		Baoulé		Gouro		Pas de réponse		
	N	N	%	n	%	n	%	n	%	%
Village AVB	321	1	0,31%	295	91,90%	1	0,31%	24	7,48%	100%
Village tuteur	120	1	0,83%	113	94,17%	0	0,0%	6	5,0%	100%
p-value		Fisher=0,588 ns								

N : Effectif global ; n : Effectif partiel ; % : pourcentage ; ns : non significatif.

La comparaison des villages AVB et tuteurs selon l'ethnie du fondateur montre une équivalence entre les fondateurs. Ceux-ci sont, pour la plupart, de l'ethnie baoulé (91,90% contre 94,17%), ashanti (0,31% contre 0,83%) ou de l'ethnie gouro (0,31% contre 0,0%). Le contrôle statistique indique une ressemblance entre les villages AVB et tuteurs, du point de vue de l'ethnie du fondateur (p-value = 0,588, tableau X). L'appartenance au même groupe social des fondateurs des villages n'est pas loin de révéler des traditions, des dogmes comparables. L'examen des choix dogmatiques effectués par les fondateurs communique des informations dans ce sens.

Tableau XI : Comparaison du dogme religieux du fondateur du village AVB à celui du fondateur du village tuteur

Type de village		Croyance du fondateur								Total
		Animiste		Dieu de l'Islam		Dieu du christianisme		Pas de réponse		
	N	N	%	n	%	n	%	n	%	
Village AVB	321	263	81,93%	1	0,31%	2	0,62 %	55	17,14 %	100 %
Village tuteur	120	98	81,67%	0	0,0%	0	0,0%	22	18,33 %	100 %
p-value		Fisher= 0,915 ns								

N : Effectif global ; n : Effectif partiel ; % : pourcentage ; ns : non significatif.

La comparaison des croyances du fondateur suivant les villages AVB et tuteur révèle que les fondateurs des villages AVB ou tuteurs sont généralement animistes (81,93% contre 81,67%), chrétiens (0,62% contre 0,0%) ou musulmans (0,31% contre 0,0%). La vérification statistique n'indique pas de différence significative entre les villages AVB et tuteurs selon la croyance du fondateur (p-value =0,915, tableau XI). Les traditions, les coutumes édictées par ce dernier pourraient orienter les descendants dans la gestion du village. La succession à la tête des villages serait l'une des expressions manifestes des façons de faire hériter.

Tableau XII : Comparaison du mode de succession à la chefferie du village AVB à celui adopté par le village tuteur

Type de village		Succession à la chefferie du village										Total
		Descendance		Notabilité		Primogéniture		Suffrage		Pr		
	N	n	%	n	%	n	%	n	%	n	%	%
Village AVB	321	0	0,0%	139	43,30 %	120	37,38%	8	2,50 %	54	16,82%	100 %
Village tuteur	120	4	3,33%	69	57,5%	35	29,17%	2	1,67 %	10	8,33 %	100 %
p-value		Fisher= 0,001 s										

N : Effectif général ; n : Effectif partiel ; % : pourcentage ; s : significatif ; Pr : Pas de réponse

La comparaison du mode de succession à la chefferie du village selon le type de village montre une direction identique. Le mode généralement privilégié dans les deux types de villages est la succession par un choix effectué au sein et par des notables (43,30% contre 57,50%), par la primogéniture 'agnatique' (37,38% contre 29,17%), par le suffrage (2,50% contre 1,67%) ou par la descendance du fondateur (0,0% contre 3,33%). L'on note, toutefois, une différence entre les villages en fonction de la fréquence du mode (p-value = 0,001, tableau XII). La gouvernance des villages et le renouvellement de ce contrôle seraient portés par les notables. L'organisation observée des villages ne semble pas se réduire à l'échelle du village. Les différentes familles qui structurent les villages seraient influencées par la forme successorale appliquée, en ce qui concerne la gouvernance des villages.

Tableau XIII : Comparaison de la forme de succession à la gestion d'une famille du village AVB à celle observée à la gouvernance d'une famille du village tuteur

Type de village		Succession à la tête des familles										Total
		Consensus		Matrilinéarité		Patrilinéarité		Primogéniture		Pr		
	N	N	%	n	%	n	%	n	%	n	%	
Village AVB	321	4	1,24%	2	0,62%	293	91,28%	1	0,31%	21	6,55 %	100 %
Village tuteur	120	15	12,5%	4	3,33%	97	80,84%	0	0,0%	4	3,33 %	100 %
p-value		Fisher= 0,000 s										

N : Effectif global ; n : Effectif partiel ; % : pourcentage ; s : significatif ; Pr : Pas de Réponse

L'examen des formes de succession à la tête des familles suivant le type de village montre une similarité entre les villages AVB et tuteurs. Ces deux types de villages choisissent un mode de succession familiale comparable. Le mode majoritairement utilisé est la succession patrilinéaire (91,28% contre 80,84%), par désignation consensuelle (1,24% contre 12,50%), matrilinéaire (0,62% contre 3,33%). L'analyse statistique indique une différence significative entre les villages AVB et tuteur selon la fréquence du mode de succession choisi pour la gestion des familles (p-value = 0,000, tableau XIII). La gouvernance des familles serait assurée par la lignée du père.

A l'analyse, les villages présentent des marqueurs sociodémographiques plus ou moins similaires. Les villages, déplacés et tuteurs, ont été fondés majoritairement avant l'indépendance par une personne venue du centre de la Côte d'Ivoire. L'ancêtre de ces agglomérations serait Abla Pokou. Le groupe d'appartenance serait le groupe Kwa et la langue parlée serait le baoulé. Les peuples de ces bourgades sont animistes, c'est-à-dire conservateurs ou promoteurs des traditions ancestrales. Ce faisant, la gouvernance des villages et des familles est orientée par les repères traditionnels. Celle des villages relève de la responsabilité de la notabilité, alors que la gestion des familles est assurée par la descendance masculine du père. Les villages semblent être portés par leurs traditions anciennes de vie sur le plan tant ethnoculturel qu'ethnoéconomique. Les observations relatives à ce dernier aspect, en l'occurrence aux ressources des villages, proposent des éléments de réponse.

7. 1. 2. Type de village et ressource foncière

L'étude s'intéresse aux ressources foncières des villages. Celles-ci ont été questionnées en considérant des Villages déplacés de l'Autorité de l'aménagement de la Vallée de Bandama (AVB) et des Villages qui leur ont accueilli (Villages tuteurs). Les données issues de ce sondage ont été analysées. Les résultats obtenus sont ainsi exposés dans le présent travail. Les résultats portent à la fois sur les ressources du fondateur et celles du village.

Tableau XIV : Comparaison des ressources foncières, agricoles du fondateur du village AVB à celles du fondateur du village tuteur

Type de village		Ressources du fondateur du village												Total
		Maisons / Troupeau d'animaux domestiques		Terre /forêt / Maisons		Terre /forêt ou plantation		Terre /forêt / Rivière		Troupeau d'animaux domestiques		Pas de réponse		
	N	n	%	n	%	n	%	n	%	n	%	n	%	
Village AVB	321	50	15,6%	1	0,3%	169	52,6%	50	15,6%	1	0,3%	50	15,6 %	100%
Village tuteur	120	23	27,5%	1	0,8%	44	36,7%	24	20,0%	0	0,00	18	15,6 %	100%
p-value		Fisher= 0,011 s												

N : Effectif global ; n : Effectif partiel ; % : pourcentage ; s : significatif

La comparaison des ressources du fondateur du village selon le type de village fait observer une différence entre les ressources foncières, agricoles des fondateurs. Les ressources du fondateur du village AVB comprennent une fréquence importante de terre, de forêt, de plantation (52,6%) que celle du fondateur du village tuteur (36,7%). Le fondateur du village AVB avait une ressource foncière plus étendue que le fondateur du village tuteur. Les résultats du test de Fisher confortent cette variation significative des ressources du fondateur du village AVB au fondateur du village tuteur (p-value=0,011, tableau XIV). Il existerait une différence entre les villages à l'échelle du fondateur. Cet écart entre les ancêtres concernant les ressources foncières et agricoles semble être perpétué par les villages.

Tableau XV : Comparaison des ressources foncières, agricoles du village AVB à celles du village tuteur

Type de village		Ressources du village						Total
		Maisons Troupeau d'animaux domestique		Terre /forêt/eau Plantation		Pas de réponse		
	N	n	%	n	%	n	%	
Village AVB	321	5	1,60%	282	87,90%	34	10,6%	100%
Village tuteur	120	1	0,8%	119	99,2%	0	0,00	100%
p-value		Fisher= 0,000 s						

N : Effectif global ; n : Effectif partiel ; % : pourcentage ; s : significatif

Les ressources foncières et agricoles des villages AVB et tuteur paraissent équivalentes à celles de leurs fondateurs. L'on note, par exemple, que les ressources du village AVB sont généralement composées de terre, de forêt, de plantation (87,90). Ces ressources sont comparables à celles de son homologue tuteur : terre, forêt, plantation (99,20%), même si l'on observe une différence de quantité en faveur du village tuteur. L'écart entre les villages relatif à la quantité de ressources foncières et agricoles est statistiquement significatif (p-value=0,000, tableau XV). Les ressources du village tuteur se structurent plus en éléments fonciers, agricoles que le village AVB.

L'exploration des ressources du fondateur et celles des villages fait état d'un potentiel économique villageois fondé sur les ressources foncières et agricoles. Le patrimoine socioéconomique disponible ou la transaction économique proposée portent sur les ressources de cette nature.

7. 1. 3. Mode d'appropriation ou cession foncière et niveau de propriété

Les données relatives aux ressources foncières ont été traitées en mettant l'accent sur la relation entre le mode d'appropriation ou de cession foncière et le niveau de propriété. Les résultats obtenus sont présentés selon le type et l'année d'installation du village.

Tableau XVI : Comparaison du niveau de propriété foncière selon la forme de gestion foncière du village, quel que soit le type

Forme de gestion foncière		Niveau de propriété						Total
		Niveau 1		Niveau 2		Niveau 3		
	N	n	%	n	%	n	%	
Acquisition (achat)	14	8	57,14%	5	35,71%	1	7,15%	100%
Descendant ou héritage	380	225	59,21%	131	34,47%	24	6,32%	100%
Location	4	1	25,00%	3	75,00%	0	0,00%	100%
Octroi	7	3	42,86%	3	42,86%	1	14,28%	100%
Chefferie	36	15	41,67%	4	11,11%	17	47,22%	100%
p-value		Fisher= 0,000 s						

Niveau 1 : appropriation ou cession foncière traditionnelle ; Niveau 2 appropriation ou cession semi étatique ou semi-traditionnelle ; Niveau 3 : appropriation ou cession étatique ; N : Effectif global ; n : Effectif partiel ; % : pourcentage ; s : significatif.

L'examen du niveau de propriété est également mis en relation avec les formes de gestion foncière. L'on note que la location semi-moderne ou semi-traditionnelle (exploitation temporaire payante) est celle qui est plus fréquemment utilisée pour s'offrir ou céder une ressource foncière (75%, tableau XVI). Cette forme d'appropriation foncière se réalise parallèlement à d'autres formes d'obtention foncière, notamment l'acquisition, l'héritage, l'octroi ou la distribution par la chefferie du village. L'acquisition foncière traditionnelle, c'est-à-dire l'achat foncier à travers un échange foncier contre un objet précieux ou symbolique (57,14%), et l'héritage foncier (59,21%) seraient très souvent utilisés pour obtenir ou céder une ressource foncière (tableau XVI). L'octroi de type traditionnel (42,86% : don par négociation orale) ou moderne (42,86% : don, document écrit légalisé) fait partie des modalités d'appropriation ou de cession d'une ressource foncière. Ces formes de gestion foncière diffèrent entre elles du point de vue de la fréquence d'application (p-value=0,000, tableau XVI). A l'analyse, les villages, dans l'ensemble, étaient détenteurs d'une proportion considérable de ressources foncières à survenir à leurs besoins et, probablement, pour ceux de leur génération future (57% des habitants possédaient des terres). Ce patrimoine foncier tend à s'observer dans des espaces particuliers. Les résultats relatifs aux ressources foncières du village AVB avant le déplacement en donnent un aperçu.

Tableau XVII : Comparaison du niveau de propriété foncière selon la forme de gestion foncière du village AVB ou tuteur avant l'année 1970

Forme de gestion foncière		Niveau de propriété						Total
		Niveau 1		Niveau 2		Niveau 3		
	N	n	%	n	%	n	%	
Acquisition (achat)	7	4	57,14%	3	42,86%	0	0,00%	100%
Descendant ou héritage	194	124	63,92%	67	34,54%	3	1,54%	100%
Location	2	1	50,00%	1	50,00%	0	0,00%	100%
Octroi	3	1	33,33%	2	66,67%	0	0,00%	100%
Chefferie	5	4	80,00%	1	20,00%	0	0,00%	100%
p-value		Fisher= 0,741 ns						

Niveau 1 : appropriation ou cession foncière traditionnelle ; Niveau 2 : appropriation ou cession foncière semi étatique ; Niveau 3 : appropriation ou cession foncière étatique ; N : effectif global ; n : effectif partiel ; % : pourcentage ; s : significatif.

La comparaison des différents niveaux de propriété chez des individus installés dans les villages AVB et tuteurs avant 1970 révèle une fréquence de distribution traditionnelle des ressources foncières par la chefferie beaucoup plus importante (80%) que celles des autres formes d'appropriation ou de cession foncière. Dans celles-ci, l'appropriation ou la cession par octroi semi-traditionnel (66,67% don par négociation écrite ou demande de l'état), par un héritage (63,92%), par achat traditionnel (57,14% échange foncier contre objet précieux), est souvent utilisée. La location foncière traditionnelle (50% tiers partage ou exploitation temporaire gratuite) ou semi-traditionnelle (50% exploitation temporaire payante) n'est pas loin d'être également pratiquée. La fréquence du niveau de propriété foncière tend à être stable d'une forme de gestion à une autre (p=0,741 > 0,005, tableau XVII). Les villages, de manière générale, disposaient, à l'analyse, une quantité de ressources foncières susceptible d'être distribuée à leur génération future (57% des habitants possédaient des terres). Un potentiel foncier est aussi observé, lorsque l'on considère singulièrement les villages. Les ressources foncières présentées par le village AVB avant l'année 1970 sont illustratives de cette économie foncière.

Tableau XVIII : Comparaison du niveau de propriété foncière selon la forme de gestion foncière du village AVB avant l'année 1970

Forme de gestion foncière		Niveau de propriété						Total
		Niveau 1		Niveau 2		Niveau 3		
	N	n	%	n	%	n	%	
Acquisition (achat)	3	2	66,7%	1	33,3%	0	0,0%	100%
Descendant ou héritage	121	80	66,1%	38	31,4%	3	2,5%	100%
Location	1	0	0,0%	1	100,0%	0	0,0%	100%
Octroi	2	1	50,0%	1	50,0%	0	0,0%	100%
Chefferie	5	4	80,0%	1	20,0%	0	0,0%	100%
p-value		Fisher= 0,733 ns						

Niveau 1 : appropriation ou cession foncière traditionnelle ; Niveau 2 : appropriation ou cession foncière semi étatique ; Niveau 3 : appropriation ou cession foncière étatique ; N : effectif global ; n : effectif partiel ; % : pourcentage ; s : significatif

La comparaison des différents niveaux de propriété chez des individus installés dans le village avant 1970 révèle une fréquence de distribution traditionnelle des ressources foncières par la chefferie beaucoup plus importante (80%) que celles des autres formes d'appropriation ou de cession foncière. Dans celles-ci, l'appropriation ou la cession par octroi semi-traditionnel (50% don par négociation écrite ou demande de l'état), par un héritage (66,1%), par achat traditionnel (66,7% échange foncier contre objet précieux), est souvent utilisée. La location foncière traditionnelle (00% tiers partage ou exploitation temporaire gratuite) ou semi-traditionnelle (100% exploitation temporaire payante) est pratiquée. La fréquence du niveau de propriété foncière ne varie d'une forme de gestion à une autre (p=0,773 > 0,005, tableau XVIII). Le village AVB avait, à l'analyse, une proportion importante de ressources foncières qu'il pouvait léguer ou céder (66% des habitants possédaient des terres). Les formes d'appropriation ou de cession et la quantité de ressources foncières ne semblent pas varier dans l'espace. Les résultats de l'examen des niveaux de propriété en lien avec la gestion foncière dans le village tuteur à la période illustre cette constance de ressource en terre.

Tableau XIX : Comparaison du niveau de propriété foncière selon la forme de gestion foncière du village tuteur avant l'année 1970

Forme de gestion foncière		Niveau de propriété						Total
		Niveau 1		Niveau 2		Niveau 3		
	N	n	%	n	%	n	%	
Acquisition (achat)	3	2	66,7%	1	33,3%	0	0,0%	100%
Descendant ou héritage	39	25	64,1%	14	35,9%	0	0,0%	100%
Location	1	1	100,0%	0	0,0%	0	0,0%	100%
Octroi	0	0	0,0%	0	0,0%	0	0,0%	0,0%
Chefferie	0	0	0,0%	0	0,0%	0	0,0%	0,0%
p-palue		Fisher= 1,000 ns						

Niveau 1 : appropriation ou cession foncière traditionnelle ; Niveau 2 : appropriation ou cession foncière semi étatique ; Niveau 3 : appropriation ou cession foncière étatique ; N : effectif global ; n : effectif partiel ; % : pourcentage ; s : significatif

La comparaison des différents niveaux de propriété chez des individus installés dans le village avant 1970 révèle une non participation de la chefferie dans la distribution traditionnelle des ressources foncières (0%). Durant les premières années de l'indépendance, les appropriations ou les cessions par octroi semi-traditionnel (00% don par négociation écrite ou demande de l'état), par un héritage (64,1%), par achat traditionnel (66,7% échange foncier contre objet précieux), sont souvent utilisées. La location foncière traditionnelle (100% tiers partage ou exploitation temporaire gratuite) ou semi-traditionnelle (00% exploitation temporaire payante) est pratiquée. La fréquence du niveau de propriété foncière ne varie pas d'une forme de gestion à une autre ($p=1,00 > 0,05$, tableau XIX). Le village tuteur se caractériserait, avant l'indépendance, par une possession de ressources foncières considérables (77% des habitants avaient des terres). La régularité du même mode d'appropriation ou de cession foncière observée précédemment est loin d'être inchangée. Les résultats portant sur la période 1970-2000 seraient spécifiques.

Tableau XX : Comparaison du niveau de propriété foncière suivant la forme de gestion foncière du village AVB ou tuteur installé entre les années 1970 et 2000

Forme de gestion foncière		Niveau de propriété						Total
		Niveau 1		Niveau 2		Niveau 3		
	N	n	%	n	%	n	%	
Acquisition	7	4	57,14%	3	42,86%	0	0,00%	100%
Descendant ou héritage	171	103	60,23%	53	30,99%	15	8,78%	100%
Location	2	0	000%	2	100,0%	0	0,00%	100%
Octroi	5	2	40,00%	2	40,00%	1	20,00 %	100%
Chefferie	24	9	37,5%	3	12,5%	12	50,00 %	100%
p-value		Fisher= 0,000 s						

Niveau 1 : niveau de propriété traditionnel ; Niveau 2 : niveau de propreté semi étatique ; Niveau 3 : Niveau de propriété étatique ; N : effectif global ; n : effectif partiel ; % : pourcentage ; s : significative.

L'examen du niveau de propriété foncière en fonction des formes de gestion foncière des individus installés dans les villages AVB et tuteurs entre 1970 et 2000 montre que la location semi-moderne ou semi-traditionnelle (l'exploitation temporaire payante 100%) et l'héritage agnatique primogénitural absolu (60%), cognatique (40%) sont régulièrement utilisées dans l'appropriation ou la cession des ressources foncières. Le mode d'achat traditionnel (57,14%) et semi-traditionnel (42,86%), l'octroi traditionnel (40%) et semi-traditionnel (40%), la cession ou la distribution par la chefferie (37,5%) sont également prégnants à cette période (tableau XX).

La différence observée entre les niveaux de propriété selon les formes de gestion est confortée par les résultats de l'analyse statistique ($p=0,000< 0,05$, tableau XX). Les villages, en dehors de cette variabilité du niveau de propriété entre habitants, possédaient un nombre relativement important de ressources foncières. Cette disponibilité commune de terre serait le reflet des ressources foncières appartenant singulièrement à des villages dont le village AVB.

Tableau XXI : Comparaison du niveau de propriété foncière suivant la forme de gestion foncière du village AVB installé entre les années 1970 et 2000

Forme de gestion foncière		Niveau de propriété						Total
		Niveau 1		Niveau 2		Niveau 3		
	N	N	%	n	%	n	%	
Acquisition	4	3	75,0%	1	25,0%	0	0,0%	100%
Descendant ou héritage	124	75	60,5%	36	29,0%	13	10,5%	100%
Location	2	0	0,0%	2	100,0%	0	0,0%	100%
Octroi	3	2	66,7%	0	0,0%	1	33,3%	100%
Chefferie	23	8	34,8%	3	13,0%	12	52,2%	100%
p-value		Fisher= 0,000 s						

Niveau 1 : niveau de propriété traditionnel ; Niveau 2 : niveau de propreté semi étatique ; Niveau 3 : Niveau de propriété étatique ; N : effectif global ; n : effectif partiel ; % : pourcentage ; s : significative.

La mesure du niveau de propriété foncière selon les formes d'appropriation ou de cession foncière des individus installés dans le village AVB entre 1970 et 2000 montre que la location semi-moderne ou semi-traditionnelle (l'exploitation temporaire payante 100%) et l'héritage agnatique primogénitural absolu (60,5%) ou cognatique (29%) sont fréquemment utilisées dans l'appropriation ou la cession des ressources foncières. Le mode d'achat traditionnel (75%) et semi-traditionnel (25%), l'octroi traditionnel (66,7%) et semi-traditionnel (00%), la cession ou la distribution par la chefferie (34,8%) sont également prégnants à cette période (tableau XXI). La différence observée entre les niveaux de propriété suivant les modes de gestion est confortée par les résultats de l'analyse statistique ($p=0{,}000< 0{,}05$, tableau XXI). Les villages AVB, en dépit des écarts de niveau de propriété, disposaient des ressources foncières utilisables et susceptibles d'être léguées ou cédées. Les modes de gestion foncière et les niveaux de propriété qui en découlent, identifiés chez le tuteur, empruntent une trajectoire moins similaire.

Tableau XXII : Comparaison du niveau de propriété foncière suivant la forme de gestion foncière du village tuteur installé entre les années 1970 et 2000

Forme de gestion foncière	Effectif	Niveau de propriété						Total
		Niveau 1		Niveau 2		Niveau 3		
	N	N	%	n	%	n	%	
Acquisition	3	1	33,3%	2	66,7%	0	0,0%	100%
Descendant ou héritage	47	28	59,6%	17	36,2%	2	4,3%	100%
Location	0	0	0,0%	0	0,0%	0	0,0%	0,0%
Octroi	2	0	0,0%	2	100,0 %	0	0,0%	100%
Chefferie	1	1	100%	0	0,0%	0	0,0%	100%
p-value		Fisher= 0,374 ns						

Niveau 1 : niveau de propriété traditionnel ; Niveau 2 : niveau de propreté semi étatique ; Niveau 3 : Niveau de propriété étatique ; N : effectif global ; n : effectif partiel ; % : pourcentage ; s : significatif.

L'intérêt porté sur la relation entre les formes de gestion foncière et le niveau de propriété des individus installés dans le village tuteur entre 1970 et 2000 montre que la location semi-moderne ou semi-traditionnelle (l'exploitation temporaire payante 00%) et l'héritage agnatique primogéniture absolu (59,6%) ou cognatique (36,2%) régulent généralement l'appropriation ou la cession des ressources foncières. Le mode d'achat traditionnel (33,3%) et semi-traditionnel (66,6%), l'octroi traditionnel (00%) et semi-traditionnel (100%), la cession ou la distribution par la chefferie (100%) sont également prégnants à cette période (tableau XXII).
La différence observée entre les niveaux de propriété selon les formes de gestion est confortée par les résultats de l'analyse statistique (p=0,37 0 >0,05, tableau XXII). Outre cet écart entre les niveaux de propriété foncière entre les habitants, il faudrait indiquer que les villages tuteurs, durant de cette période, possédaient donc des terres (60%) qu'ils pouvaient léguer ou distribuer à la génération ou aux demandeurs potentiels. La gestion des ressources foncières, à travers ces modes et niveaux de propriété, paraît unidirectionnelle, nonobstant des variabilités par endroit. Les modes et les niveaux de régulation foncière qui caractérisent les villages depuis deux dernières décennies en sont une illustration.

Tableau XXII : Comparaison du niveau d'appropriation foncière suivant la forme de gestion foncière du village AVB ou tuteur installé depuis l'année 2000

Forme de gestion foncière		Niveau de propriété						Total
		Niveau 1		Niveau 2		Niveau 3		
	N	N	%	n	%	n	%	
Acquisition	1	0	0,00%	0	0,00%	1	100,0%	100%
Descendant ou héritage	49	17	34,70%	26	53,06%	6	12,24%	100%
Chefferie	7	2	28,57%	0	0,00%	5	71,43%	100%
p-value		Fisher= 0,000 s						

Niveau 1 : niveau de propriété traditionnel ; Niveau 2 : niveau de propreté semi étatique ; Niveau 3 : Niveau de propriété étatique ; N : effectif global ; n : effectif partiel ; % : pourcentage ; s : significatif.

L'exploration du niveau de propriété foncière en fonction des modes de gestion foncière des individus installés dans les villages AVB et tuteurs à partir de 2000 fait observer que l'acquisition moderne des ressources à travers la cession par des habitants (100%) ou par la chefferie (71,43%) est le mode d'appropriation des ressources foncières le plus fréquemment adopté (tableau XXII). La cession par héritage modéré (cognatique= 53,06%) ou absolu (agnatique=34,70%) est aussi utilisée. L'écart observé entre les fréquences des niveaux de propriété foncière en fonction des modes de gestion est statistiquement significatif (p-value=0,000, tableau XXII). Toutefois, les villages dans leur ensemble n'ont suffisamment plus de terres à transmettre à leur progéniture (35%). Cette diminution généralement importante des ressources foncières pourrait être celle présentée par les différents villages, notamment par le village AVB.

Tableau XXIII : Comparaison du niveau d'appropriation foncière suivant la forme de gestion foncière du village AVB installé depuis l'année 2000

Forme de gestion foncière		Niveau de propriété						Total
		Niveau 1		Niveau 2		Niveau 3		
	N	N	%	n	%	n	%	
Acquisition	1	0	0,0%	0	0,0%	1	100,0%	100%
Descendant ou héritage	25	7	28,0%	14	56,0%	4	16,0%	100%
Chefferie	7	2	28,6%	0	0,0%	5	71,4%	100%
p-value		Fisher= 0,003 s						

Niveau 1 : niveau de propriété traditionnel ; Niveau 2 : niveau de propreté semi étatique ; Niveau 3 : Niveau de propriété étatique ; N : effectif ; % : pourcentage ; s : significative.

L'on a comparé le niveau de propriété foncière en fonction des modes de gestion foncière des individus installés dans le village à partir de 2000. Les résultats indiquent que l'appropriation moderne à travers la cession par des habitants (100%) ou par la chefferie (71,4%) est le mode d'appropriation des ressources foncières le plus utilisé dans le village déplacé AVB depuis 2000 (tableau XXIII). La cession par héritage modéré (cognatique= 56%) ou absolu (agnatique=28%) est aussi utilisée.
L'écart observé entre les fréquences des niveaux de propriété foncière en fonction des modes de gestion est statistiquement significatif (p-value=0,000, tableau XXIII). Le village AVB a néanmoins quelques terres déjà exploitées (28%) à léguer ou céder à sa progéniture existante. Le constat analogue est fait, lorsque l'on interroge les ressources du village tuteur.

Tableau XXIV : Comparaison du niveau d'appropriation foncière suivant les formes de gestion foncière du village tuteur installé depuis l'année 2000

Forme de gestion foncière		Niveau de propriété						Total
		Niveau 1		Niveau 2		Niveau 3		
	N	N	%	n	%	n	%	
Acquisition	0	0	0,0	0	0,0	0	0,0	0,0%
Descendant ou héritage	24	10	41,7%	12	50,0%	2	8,3%	100%
Chefferie	0	0	0,0	0	0,0	0	0,0	0,0%
p-value		Fisher= nd						

Niveau 1 : niveau de propriété traditionnel ; Niveau 2 : niveau de propreté semi étatique ; Niveau 3 : Niveau de propriété étatique ; N : effectif global ; n : effectif partiel ; % : pourcentage ; nd : non déterminé.

L'exploration du niveau de propriété foncière en fonction des modes de gestion foncière des individus installés dans le village à partir de 2000 fait observer que l'acquisition moderne à travers la cession des habitants (00%) ou par la chefferie (00%) est le mode d'appropriation des ressources foncières le plus fréquemment adopté (tableau XXIV). La cession par héritage modéré (cognatique= 50%) ou absolu (agnatique=41,7%) est aussi utilisée. L'écart observé entre les fréquences des niveaux de propriété foncière en fonction des modes de gestion est statistiquement nul (p-value=0,000, tableau XXIV). Le village tuteur serait encore propriétaire d'un nombre de ressources foncières pouvant être proposé ou céder à sa descendance actuelle. Il dispose environ de 50% de leurs terres d'origine plus ou moins cultivables.

Il faudrait retenir que l'appropriation ou la cession foncière dans les villages sont guidées par des modes traditionnels caractérisés par une répartition des terres par héritage (59%) ou par une cession semi-traditionnelle (28%). Du village tuteur au village AVB, le niveau de propriété foncière que considèrent la chefferie et les détenteurs des villages est le niveau 1, celui reconnu ou attribué aux héritiers des terres des ancêtres du village. Les familles ou les descendants des familles fondatrices des villages seraient les seul-e-s véritables propriétaires terriens. Les autres sont des propriétaires de niveaux 2, c'est-à-dire les usagers sur la base de contrat oral d'exploitation à durée déterminée ou de cession orale à durée indéterminée. Les niveaux de propriété 3 sont accordés à des personnes ayant acquis des terres à travers une transaction foncière pour une durée déterminée. Ceux-ci sont parfois exposés à des expropriations inattendues.

Cette situation de déni de propriété foncière est d'autant observée que les terres cultivables s'amenuisent. Les villages tuteurs, qui disposaient 60% de ressources foncières cultivables en 1970, ne possèdent que 14% de terres cultivables. Les villages AVB sont passés de 53% de patrimoine foncier en 1979 à 9% de terres cultivables. L'indisponibilité croissante des ressources foncières pourrait souvent entraîner des luttes, notamment des conflits, pour l'appropriation de la petite quantité de terres existantes.

7. 1. 4. Type de village et conflit foncier

La réduction des ressources foncières dans les villages tend à créer différents conflits. L'analyse des données relatives à cette hypothèse a abouti à des résultats dont l'essentiel est présenté dans la présente de l'étude.

Tableau XXV : Comparaison de la fréquence de catégorie de conflit opposant les habitants du village suivant le type de village (AVB et tuteur)

Type de village		Catégorie de conflits opposant les habitants du village												Total
		C1		C2		C3		C4		C5		C6		
	N	n	%	n	%	n	%	n	%	n	%	n	%	
Village AVB	189	29	15,34 %	5	2,65 %	3	1,60 %	105	55,55 %	29	15,34%	18	9,52%	100%
Village tuteur	83	5	6,02%	1	1,20 %	1	1,20 %	55	66,27%	18	21,70%	3	3,61%	100%
p-value		Fisher= 0,070 ns												

C1 : Conflit d'élevage ; C2 : Conflit d'élevage Conflit de partage de ressources d'eau ; C3 : Conflit de partage de ressources d'eau ; C4 : Conflit foncier ; C5 : Conflit foncier, d'élevage ; C6 : Conflit foncier, d'élevage et de partage de ressources d'eau ; N : effectif global ; n : effectif partiel ; % : pourcentage ; ns : non significative.

L'on observe que plusieurs conflits opposent les habitants des villages AVB ou ceux des villages tuteurs entre eux. Les conflits les plus réguliers entre les habitants des villages AVB ou tuteurs portent indifféremment sur la propriété ou l'appropriation foncière (55,55% contre 66,27%), les ressources foncières et l'élevage (15,34% contre 21,70%, tableau XXV). Des conflits concernant uniquement l'élevage sont également ceux auxquels sont confrontés les villages AVB et tuteurs (15,34% contre 6,02%, tableau XXV). D'autres conflits portant à la fois sur les ressources foncières, l'élevage et les ressources d'eau évoquées sont parfois identifiés entre habitants des villages (9,52% contre 3,61%, tableau XXV). Les résultats du test de Fisher confortent l'égalité des fréquences des conflits qui opposent souvent les habitants au sein des deux groupes de villages (p-value=0,070, tableau XXV). En clair, les conflits opposent souvent les habitants du village et ne dépendent pas du type de village. Ces conflits entre intravillageois seraient souvent à l'origine de litiges plus étendus, notamment entre communautés.

Tableau XXVI : Comparaison de la fréquence de catégorie de conflit opposant les communautés du village selon le type de village (AVB et tuteur)

Type de village		Catégorie de conflits opposant les communautés des villages AVB ou tuteurs												Total
		C1		C2		C3		C4		C5		C6		
	N	n	%	n	%	n	%	n	%	n	%	n	%	
Village AVB	143	48	33,56 %	20	13,98 %	4	2,80%	52	36,36%	14	9,80%	5	3,50 %	100%
Village tuteur	55	22	40,00 %	10	18,18 %	0	0,0%	20	36,37%	3	5,45%	0	0,0 %	100%
p-value	Fisher= 0,512 ns													

C1 : Conflit d'élevage ; C2 : Conflit d'élevage et de partage de ressources d'eau ; C3 : Conflit de partage de ressources d'eau ; C4 : Conflit foncier ; C5 : Conflit foncier et d'élevage ; C6 : Conflit foncier, d'élevage et de partage de ressources d'eau ; N : effectif global ; n : effectif partiel ; % : pourcentage ; ns : non significative.

L'on observe des fréquences et des natures comparables de conflits entre les communautés des villages ABV ou entre celles des villages tuteurs. Ces litiges entre les communautés sont relatifs à la propriété foncière (36,36% contre 36,37%), à l'élevage (33,56% contre 40%), à la fois à l'élevage et à l'utilisation des ressources d'eau (13,98% contre 18,18%, tableau XXVI). Des affrontements sont aussi dus à l'exploitation foncière et à l'élevage (9,80% contre 5,45%, le tableau XXVI). Le contrôle statistique, à travers le test de Fischer, étaye cette équivalence entre les villages, en ce qui concerne les heurts communautaires (p-value=0,512, tableau XXVI). Ceux-ci, qui se déroulent entre des groupes d'individus, pourraient s'étendre à des espaces interhumains différents. Les conflits entre des individus du village AVB et ceux du village tuteur en sont une illustration.

Tableau XXVII : Comparaison de la fréquence de catégorie de conflits opposant les habitants des villages AVB à ceux des villages tuteurs

Type de village		Catégorie de conflits opposant les habitants des villages AVB à ceux des villages tuteurs													Total
		C1		C2		C3		C4		C5		C6		C7	
	N	n	%	n	%	n	%	n	%	n	%	n	%	%	
Village AVB	221	13	5,88 %	3	1,35 %	3	1,35 %	0	4,52 %	168	76,01%	20	9,04%	1,80 %	100 %
Village tuteur	102	2	1,96 %	1	0,98 %	2	1,96 %	0	0,0 %	82	80,40%	12	11,76 %	2,94 %	100 %
p-value	Fisher= 0,144 ns														

C1 : Conflit d'élevage ; C2 : Conflit d'élevage et de partage de ressources d'eau ; C3 : Conflit de partage de ressources d'eau ; C4 : Conflit de partage de ressources d'eau et foncier ; C5 : Conflit foncier ; C6 : Conflit foncier, agricole, d'élevage ; C7 : Conflit foncier, d'élevage et de partage de ressources d'eau ; N : effectif global ; n : effectif partiel ; % : pourcentage ; ns : non significative.

Des conflits sont souvent observés entre les habitants des villages AVB et ceux des villages tuteurs. Ils portent régulièrement sur la propriété ou l'exploitation des ressources foncières (76,01% contre 80,40%, tableau XXVII). Les deux groupes d'habitants sont parfois en litiges pour à la fois l'appropriation des ressources foncières et les activités d'élevage (9,04% contre 11, 76%, tableau XXVII). L'analyse statistique ne révèle aucune différence significative entre les fréquences des conflits identifiés entre les habitants des villages AVB et ceux des villages tuteurs (p-value =0,144, tableau XXVII). Ces litiges fonciers entre habitants issus de villages différents ne sont pas loin de se manifester entre les deux entités villageoises elles-mêmes.

Tableau XXVIII : Comparaison de catégorie de conflits opposant les communautés des villages AVB à celles des villages tuteurs

Type de village	Catégorie de conflits opposant les communautés des villages AVB à celles des villages tuteurs														Total
		C1		C2		C3		C4		C5		C6		C7	
	N	n	%	n	%	n	%	n	%	n	%	n	%	%	
Village AVB	152	19	12,5 %	8	5,26 %	5	3,28 %	95	62,5 %	17	11,2 %	7	4,60 %	0,66 %	100%
Village tuteur	66	6	9,09 %	6	9,09 %	4	6,06 %	40	60,60%	9	13,64%	1	1,52 %	0,0 %	100%
p-value	Fisher= 0,663 ns														

C1 : Conflit d'élevage ; C2 : Conflit d'élevage et de partage de ressources d'eau ; C3 : Conflit de partage de ressources d'eau ; C4 : Conflit foncier ; C5 : Conflit foncier et d'élevage ; C6 : Conflit foncier, d'élevage et de partage de ressources d'eau ; C7 : Conflit foncier et de partage de ressources d'eau ; N : effectif global ; n : effectif partiel ; % : pourcentage ; ns : non significative.

Les communautés des villages AVB affirment avoir des conflits réguliers avec leurs homologues des villages tuteurs concernant l'exploitation des ressources foncières (62,50% contre 60%), l'élevage (12,50%contre 9,09%), l'utilisation des ressources et conflit foncier et d'élevage (11,20% contre 13,64%, tableau XXVIII). Les fréquences des conflits évoquées par les communautés semblent être indifférenciées (p-value =0,663, tableau XXVIII).

Les conflits observés entre habitants, communautés ou entre villages portent majoritairement sur les conflits fonciers (59%), des conflits fonciers et d'élevage (17,57%) (tableaux XXV à XXVIII).

En clair, l'ensemble des résultats montre que le mode d'appropriation ou de cession foncière crée des niveaux de propriété différents. Une personne est considérée comme ayant un droit absolu sur une portion de terre, si celle-ci est la propriété d'une famille fondatrice dont elle est héritière. En dehors des familles originelles, détentrices des ressources foncières, les autres ne peuvent être les usagères, les exploitantes dont le droit d'utilisation des ressources foncières est variable selon le pacte, la convention de cession. L'on ne peut donc obtenir un droit sur des terres octroyées pour nécessité d'installation, d'alimentation, c'est-à-dire de survie. Les difficultés et les conflits fonciers, auxquels sont confrontés les villages déplacés AVB dans leur nouvelle zone d'installation, trouvent leur fondement dans la perte de leur droit foncier. L'hypothèse de recherche est relativement vérifiée. Les résultats obtenus pourraient, en substance, être l'expression de logiques sociales liées à la gouvernance foncière. Ces mécanismes régulateurs de la gestion foncière ont fait l'objet d'une exploration et d'une analyse.

7. 2. Analyse qualitative

La présente explore la propriété foncière en considérant le mode d'appropriation coutumière locale ou générale chez des villages accueillis (AVB) et accueillants du Département de Béoumi. Elle postule la spécificité du modèle socio-culturel concernant la gestion et la propriété foncière. Ainsi, les mécanismes sociaux, les choix, les représentations et les politiques de ces groupes de villages liés à la gestion foncière se révèlent nécessaires à la mesure de la propriété foncière et à la vérification de cette supposition. Des informations relatives à ces éléments socio-comportementaux ont été collectées et traitées suivant l'hypothèse. Les résultats obtenus sont présentés en fonction de ces éléments qui sous-tendent le type de gestion foncière qui caractérise les villages AVB et tuteurs. Le profil ethnogéographique des habitants de ces deux catégories de villages en est un des éléments.

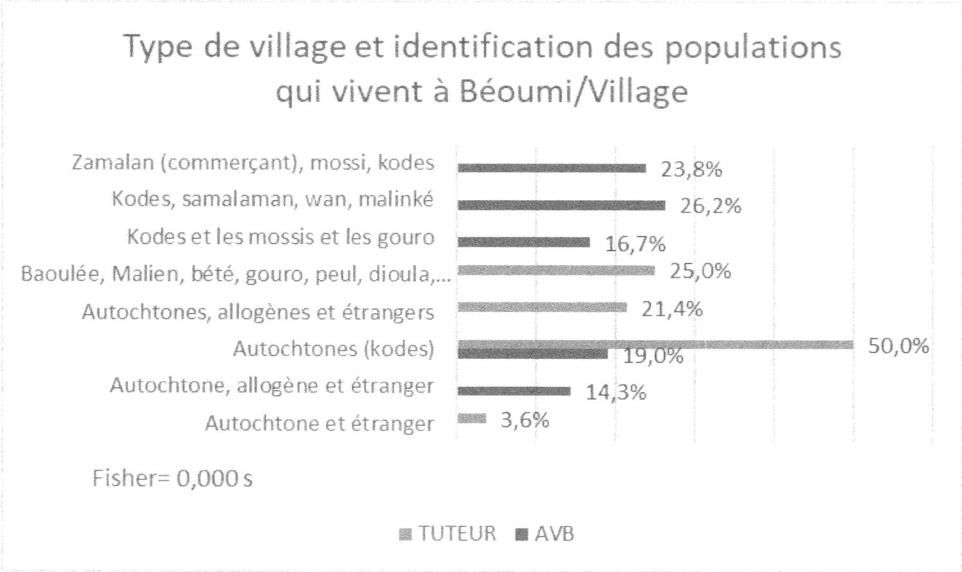

Figure 3 : Comparaison des villages AVB et tuteur selon l'identification de leur population

L'examen des caractéristiques sociogéographiques s'est orienté vers l'un des caractères de l'identité sociospatiale des populations des villages AVB, notamment le profil ethnique de ces populations. L'on a ainsi comparé les villages AVB et tuteurs selon l'ethnie des habitants. Chez les villages AVB, 26,2% des participants affirment que la population de Béoumi est composée de Kodè, Samalaman, Wan, Malinké, 23,8% des personnes interrogées indiquent que la population comprend les Zamalan (commerçant), les Mossi, les Kodè (figure 3). Chez les villages tuteurs, 50,0% des participants indiquent que la population est composée d'autochtones (Kodè) et de Baoulé, Malien, Bété, Gouro, Peul, Dioula (25,0%). Le test de Fisher montre une différence significative entre la comparaison des villages AVB et tuteurs selon le profil ethnique des habitants des deux types de villages (p-value = 0,000<0,05 ; figure 3). Outre les habitants originaires de Béoumi, l'on observe des étrangers. Les différents lieux de provenance de ceux-ci ont été examinés.

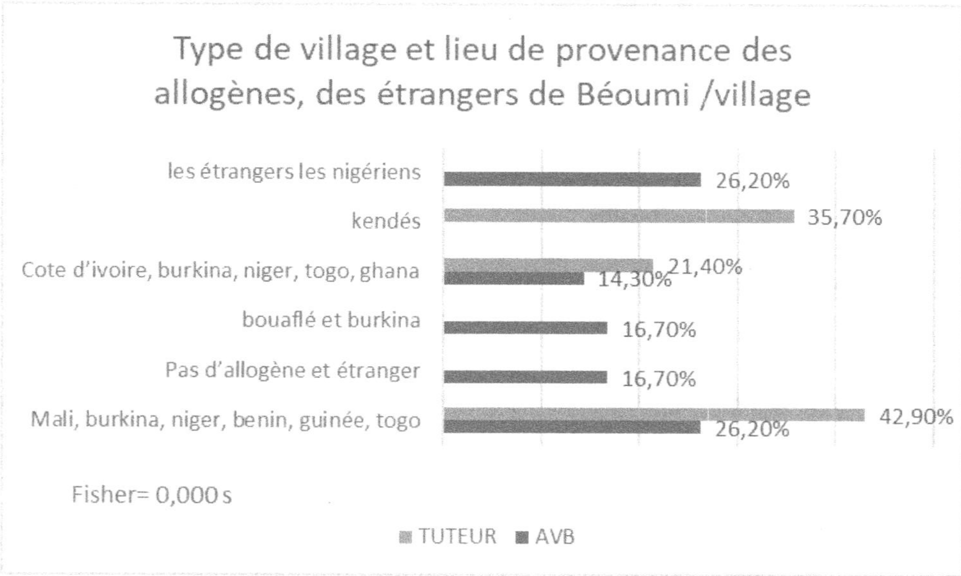

Figure 4 : Comparaison des villages AVB et tuteur selon le lieu de provenance des allogènes et des étrangers

L'on a exploré la population non autochtone des villages AVB et tuteurs selon le lieu de provenance des allogènes, des étrangers de Béoumi /Village. L'on note, concernant les villages AVB, que 26,20% des habitants sont des nigériens, 26,20% proviennent du Mali, du Burkina, du Niger, du Bénin, de la Guinée et du Togo. Chez les villages tuteurs, 42,90% des habitants proviennent du Mali, du Burkina, du Niger, du Bénin, de la Guinée et du Togo, contre 35,70% d'autochtones Kodè (figure 4). L'analyse statistique indique une différence significative entre les villages AVB et tuteurs selon le lieu de provenance des étrangers (p-value = 0,000 ; figure 4). La cohabitation des populations originaire et étrangère nécessite la définition d'un cadre d'interaction spécifique. Celui-ci serait fondé sur des règles et des pactes de co-résidence.

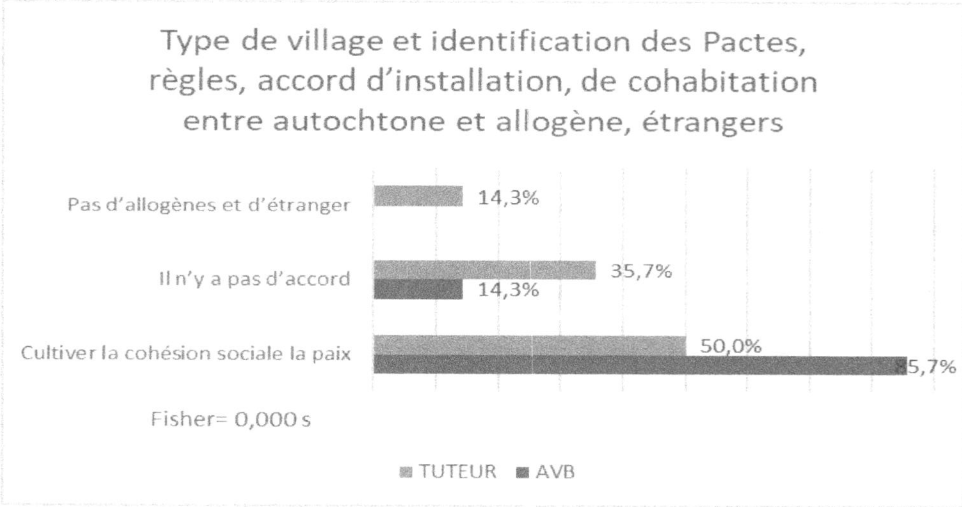

Figure 5 : Comparaison des villages AVB et tuteurs selon l'identification des pactes, règles, accord d'installation, de cohabitation entre autochtones et allogènes, étrangers

La corésidence des autochtones, des allogènes et des étrangers dans des villages AVB est plus régulée par des pactes, des règles, des accords d'installation et de cohabitation que dans les villages tuteurs (85,7% contre 50%). Ces compromis promeuvent la culture de la cohésion sociale et la paix dans les types de villages. La confrontation statistique indique une différence significative entre les villages AVB et tuteurs (p-value =0,000 ; figure 5). Cette atmosphère sociale harmonieuse, moins conflictuelle semble être due à l'organisation ou à la distribution des ressources villageoises, notamment foncières.

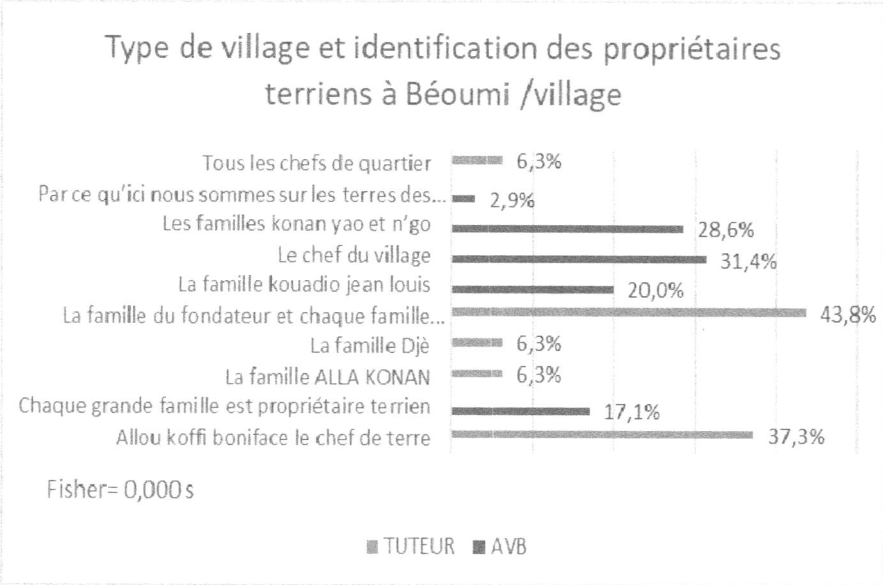

Figure 6 : Comparaison des villages AVB et tuteur selon l'identification des propriétaires terriens

Les observations réalisées concernant la propriété foncière montrent, chez les villages tuteurs, que les détenteurs ancestraux des terres sont issus de la famille du fondateur du village (43,8%) et de celles des propriétaires terriens originels. Dans le même sens, l'on note que 37,3% des propriétaires terriens sont des descendants de la famille d'Allou Koffi Boniface, le chef de terre. En revanche, dans les villages AVB, les propriétaires terriens sont les chefs des villages (31,4%), les dignitaires des familles fondatrices du village, notamment ceux des familles de Konan Yao et de N'go (28,6%) (figure 6). Le contrôle statistique indique une différence significative entre les types de villages et le statut des propriétaires terriens (p-value = 0,000<0,05, figure 6). Le patrimoine foncier se distribue entre des catégories de villageois dont la désignation ou l'indexation dépend de caractéristiques discriminantes, c'est-à-dire des critères.

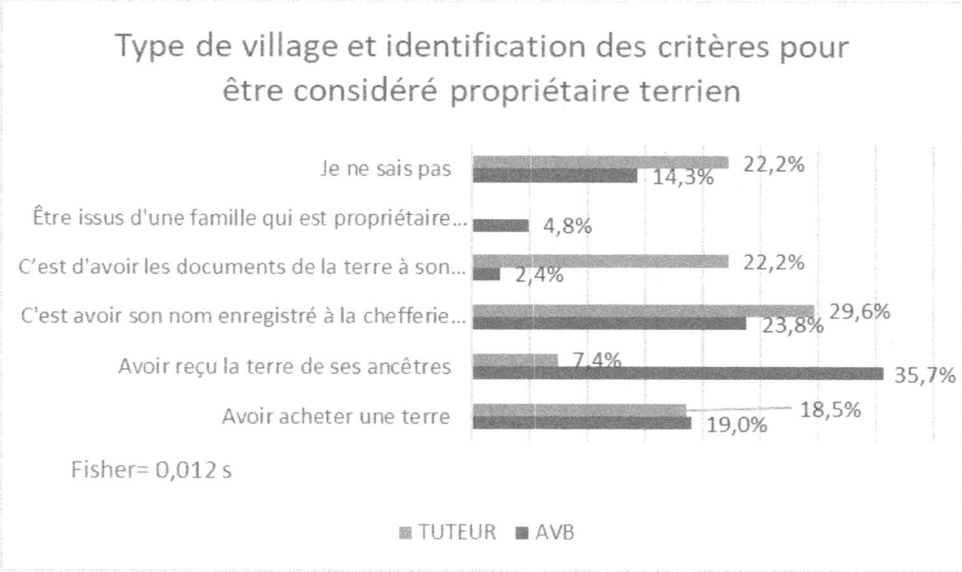

Figure 7 : Comparaison des villages AVB et tuteur selon des critères pour être considéré comme propriétaires terriens

L'examen de la propriété foncière suivant des critères montre, chez les villages AVB, que le titre de propriétaire terrien est dévolu à la personne ayant reçu la terre de ses ancêtres (35,7%) ou à l'individu dont le nom est enregistré dans le guide de la chefferie comme propriétaire terrien (23,8%) ou à la personne qui a acheté une terre (19,0%) (figure 2). Des critères similaires d'acquisition du titre de propriétaire terrien sont observés chez les villages tuteurs. L'on note que, pour être considéré propriétaire terrien, il faut avoir son nom enregistré à la chefferie comme propriétaire terrien (29,6%) et avoir les documents de la terre à son nom (22,2%) (figure 10). Le test de Fisher montre une différence significative entre les types de villages selon les critères qui définissent le titre de propriétaire terrien (p-value = 0,012<0,05, figure 7). L'acquisition du titre de propriétaire terrien est sous-tendue à une norme ou un principe villageois. L'analyse de celui-ci en fonction des deux types de villages (AVB, tuteurs) met en évidence différentes manifestations des principes fonciers villageois.

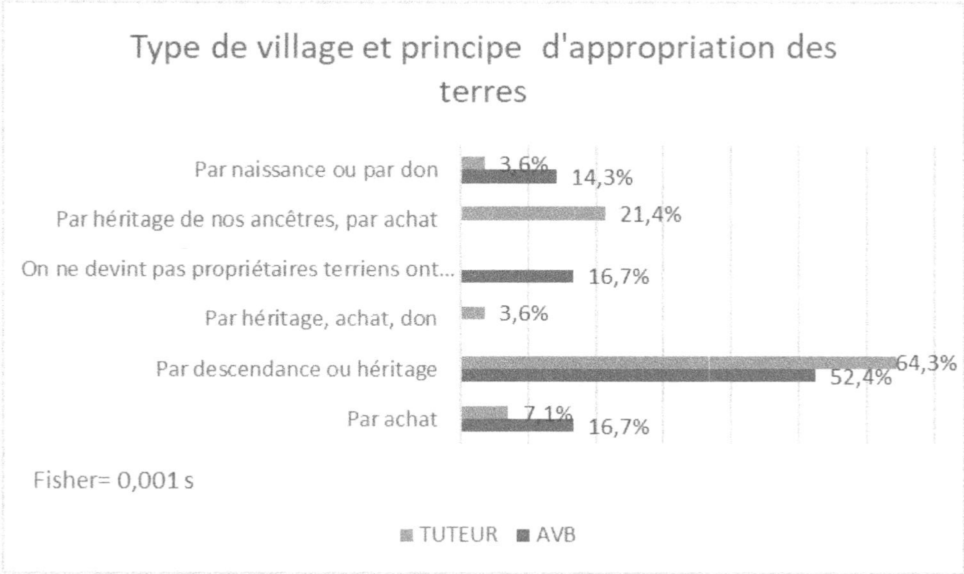

Figure 8 : Comparaison des villages AVB et tuteur selon le principe d'acquisition ou d'appropriation des terres.

En observant la figure 8, l'on constate chez les villages AVB que l'on acquiert les terres par descendance ou par héritage (52,4%), par achat (16,7%), par naissance ou par don (14,3%). Chez les villages tuteurs, l'on observe que l'acquisition ou l'appropriation de la parcelle de terre se fait à 64,3% par descendance ou par héritage, 21,4% par héritage des ancêtres, par achat (confère la figure 8). La comparaison statistique indique une différence significative entre les types de villages et le principe d'acquisition des terres (p-value = 0,000<00,5, figure 8).

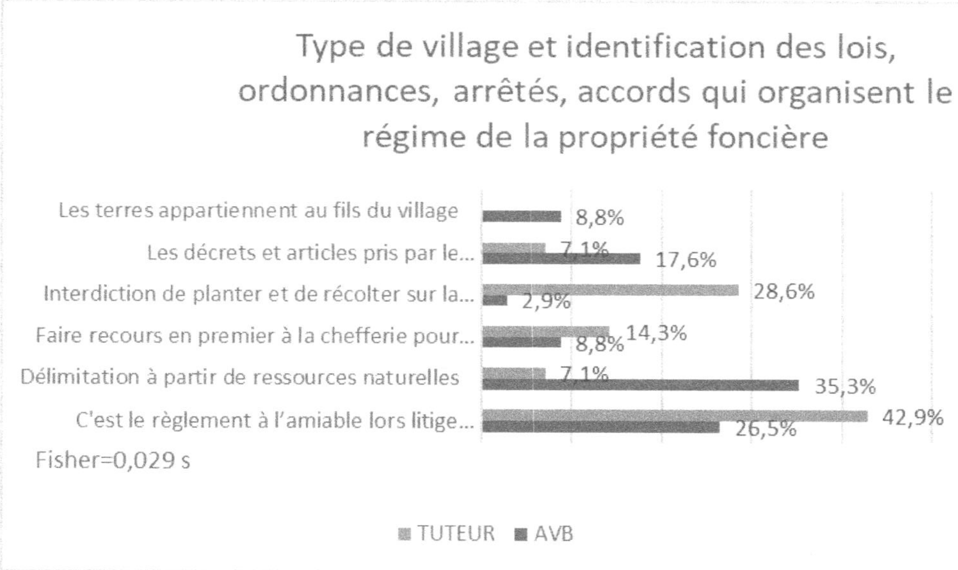

Figure 9 : Comparaison des villages AVB et tuteur selon l'application des lois ordonnances, arrêtés et accords qui organisent le régime de la propriété foncière.

L'acquisition du titre de propriétaire terrien se réalise donc suivant deux principes fondateurs : celui de la transmission ancestrale ou familiale et celui de la transaction financière. Ce double principe endogène tend à fonder la gouvernance foncière villageoise. Celle-ci se révèle spécifique. L'exploration du fonctionnement de cette gouvernance montre quelques conventions socio-foncières qui régulent la patrimonialisation des ressources terriennes villageoises.

Ainsi, l'on l'observe, dans les villages tuteurs, que les lois, les ordonnances, les arrêtés et les accords qui organisent le régime de la propriété foncière sont caractérisés par le règlement à l'amiable des litiges (42,9%), l'interdiction de planter et de récolter sur la parcelle d'autrui (28,6%) (figure 9). Concernant les villages AVB, les lois, les ordonnances, les arrêtés et les accords qui organisent le régime de la propriété foncière sont caractérisés par la délimitation des parcelles à partir de ressources naturelles ou végétales (35,3%) et par le règlement à l'amiable des litiges (26,5%) (figure 9). Le test de Fisher appliqué montre une différence, quel que soit le type de village (p-value= 0,000< 0,05, confère la figure 9). Selon les conventions ou arrangements normatifs, l'on pourrait observer différents niveaux de propriété.

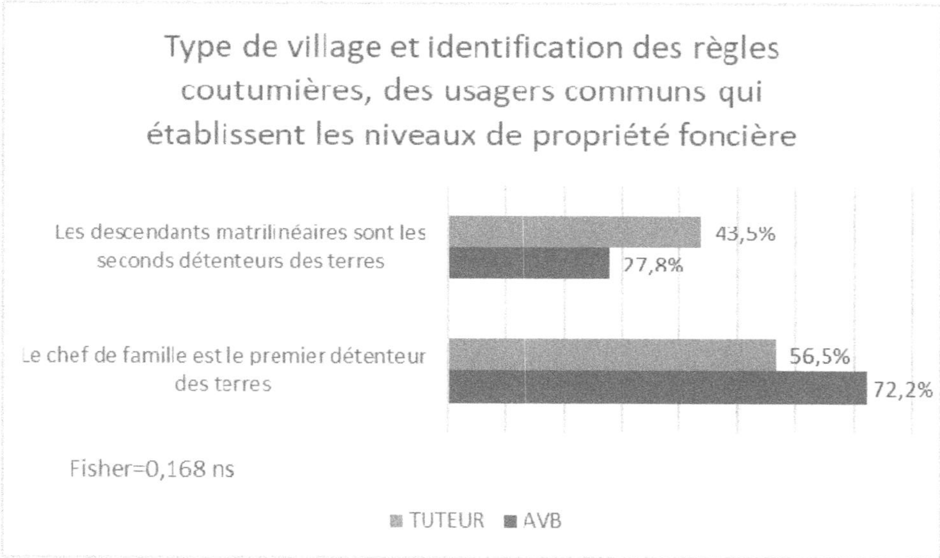

Figure 10 : Comparaison des villages AVB et tuteur selon les règles coutumières, des usages communs qui établissent les niveaux de propriété foncière

L'on observe, dans les villages AVB, suivant les règles coutumières, que le chef de famille est le premier détenteur des terres (72,2%) contre 27,8% pour les descendants matrilinéaires considérés comme les seconds détenteurs des terres (figure 10). Considérant les villages tuteurs, l'on note que 56,5% indiquent que le chef de famille est le premier détenteur des terres, contre 43,5% pour les descendants matrilinéaires considérés comme les seconds détenteurs des terres (figure 15). La confrontation statistique ne montre pas de différence significative entre les types de villages et les formes de règles coutumières, les usages communs qui établissent les niveaux de propriété foncière (p-value = 0,168 >0,005, figure 10). Cette relative similarité entre les villages, du point de vue des codes fonciers traditionnels, indique une forme de constante qui régule la patrimonialisation foncière, c'est-à-dire une procédure.

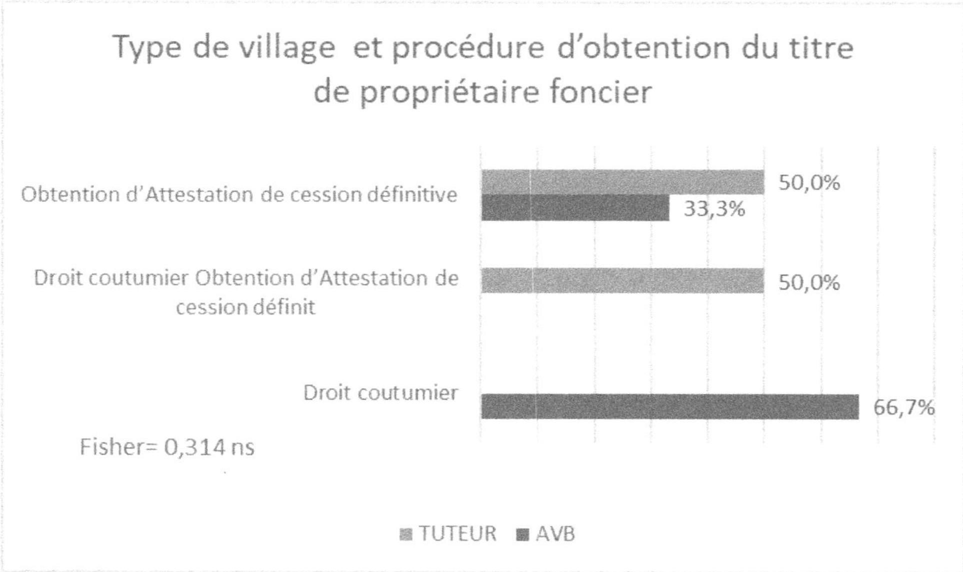

Figure 11 : Comparaison des villages AVB et tuteur selon la procédure d'obtention du titre de propriétaire foncier

L'examen de la procédure d'acquisition du titre de propriétaire foncier villageois montre que les villages AVB et tuteurs ne diffèrent pas concernant les mécanismes d'appropriation foncière. L'on note, chez les villages AVB, que la plupart des procédures d'obtention du titre de propriétaire foncier se fait suivant le droit coutumier (66,7%). L'obtention d'attestation de cession définitive n'est observée que chez une proportion moins importante des villageois AVB (33,3%). Chez les villages tuteurs, à une fréquence identique, la procédure d'obtention du titre de propriétaire foncier se caractérise à la fois par le droit coutumier (50%) et par une obtention d'attestation de cession définitive (50%, p-value=0,314>0,05, figure 11). La procédure utilisée par les uns et les autres pour s'approprier les parcelles foncières pourrait créer une distinction entre les bénéficiaires, les usagers terriens.

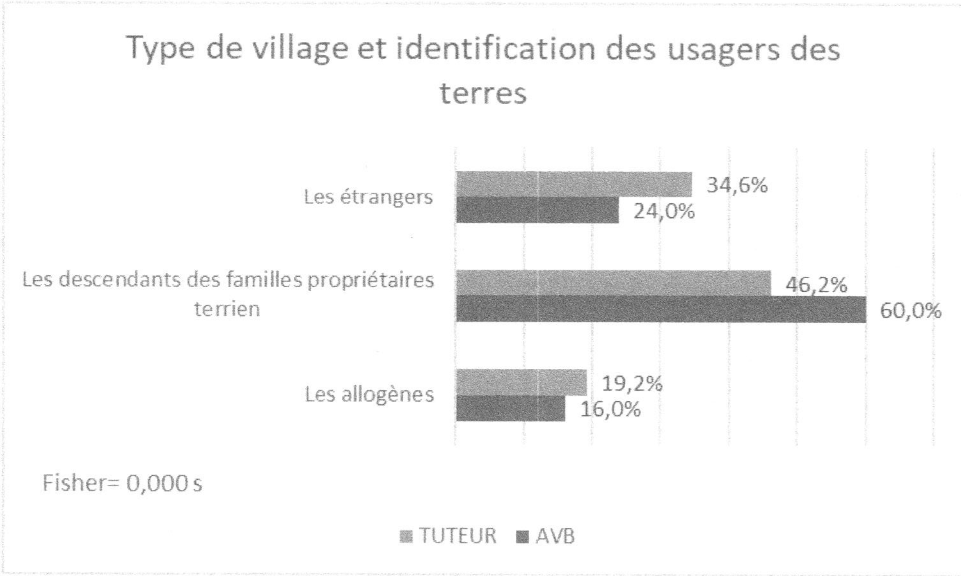

Figure 12 : Comparaison des villages AVB et tuteurs selon le statut des usagers des terres

Les usagers des terres ont été explorés et comparés entre eux selon le statut de ces propriétaires. Les usagers des terres, dans les villages AVB, sont des étrangers (24,0%), des descendants des familles de propriétaires terriens (60,0%) et des allogènes (16,0%). Une structure similaire de la population des usagers des terres est observée chez les villages tuteurs. Les usagers de terre dans les villages tuteurs sont des étrangers (34,6%), des descendants des familles de propriétaires terriens (46,2%) et des allogènes (19,2%). L'autochtonie serait le statut le plus considéré dans la patrimonialisation des terres villageoises.

L'analyse statistique indique une différence significative entre les villages concernant la proportion des autochtones usagers des terres. Ceux-ci sont en nombre plus important dans les villages AVB que dans les villages tuteurs (p-value = 0,000, figure 12). Le lien ethnogéographique avec le village influence le processus d'obtention des terres villageoises. La prise en compte du degré d'appartenance au village est d'autant plus un critère sélectif que les terres n'ont pas le même statut. Des facteurs seraient de cette patrimonialisation discriminante des ressources terriennes.

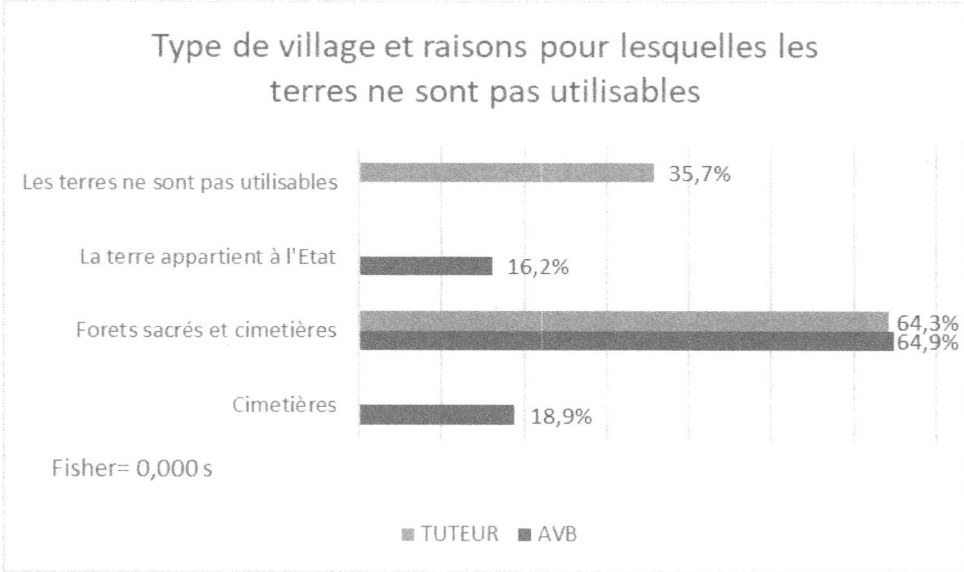

Figure 13 : Comparaison des villages AVB et tuteur selon les raisons pour lesquelles les terres ne sont pas utilisables

L'étude, s'intéressant aux facteurs qui sous-tendent une attribution différentielle des terres, a comparé les villages AVB aux villages tuteurs. Chez les villages AVB, l'on considère que certaines terres appartiennent à l'État (16,2%), d'autres sont 64,9% des forêts sacrées (64,9%) ou des cimetières (18,9%). Des facteurs similaires sont évoqués par les villages tuteurs. Ceux-ci indiquent que les terres se structurent en des forêts sacrées ou en des cimetières (64,3%) et en des terres inexploitables (35,7%). Le taux de répartition des facteurs qui orientent le processus d'appropriation foncière montre une différence significative entre les villages AVB et tuteurs (p-value = 0,000 <0,05, figure 13). L'appropriation des terres se réalise donc dans un cadre socioéconomique spécifique. L'on serait amené à tenir compte de cet environnement dans la réalisation des opérations de patrimonialisation des terres, c'est-à-dire à s'y adapter.

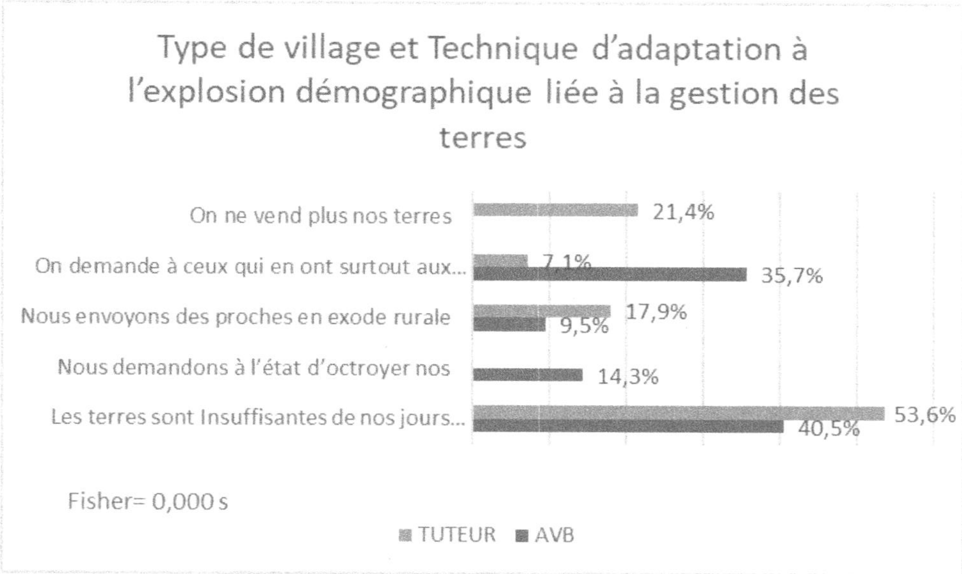

Figure 14 : Comparaison des stratégies d'adaptation de la gestion des terres des villages AVB et tuteurs à l'explosion démographique

La mise en rapport des stratégies de gestion des terres des villages AVB et tuteurs en lien avec l'explosion démographique fait observer des comportements superposables. Les villages AVB se caractérisent par une tendance à ne plus vendre les terres (35,7%), à demander à l'État ivoirien de leur octroyer des terres (14,3%), à proposer parfois l'exode rural (9,5%). La non possession de terres d'une proportion importante (40,5%) des membres de ces villages déplacés influence suffisamment ces comportements de protection, de demande foncière ou 'd'excommunion' de ses enfants.
Les villages tuteurs, s'inscrivant dans une perspective analogue, seraient moins enclins à vendre leurs terres (21,4%), à stimuler les plus jeunes à une aventure professionnelle urbaine (17,9%) ou à formuler des demandes d'exploitation temporaire des terres des villages voisins (7,1%). L'on note que la nouvelle orientation dans la gestion des terres dans les villages tuteurs est due à l'insuffisance des terres villageoises (53,6%). La confrontation statistique indique une différence significative entre les villages AVB et tuteur concernant la fréquence des stratégies d'adaptation de la gestion des ressources foncières à l'explosion démographique (p-value =0,000, figure 14). L'amenuisement ou la raréfaction des terres villageoises a été l'un des éléments à l'origine du changement de méthodes de gestion des terres locales. Ces dispositions adaptatives créent un nouveau cadre socionormatif de l'appropriation ou de la cession foncière.

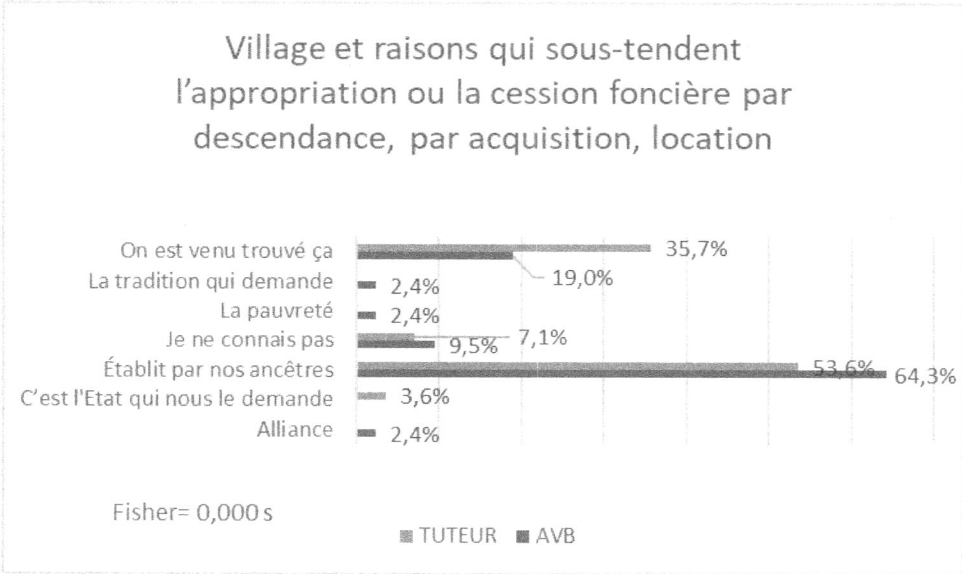

Figure 15 : Comparaison des villages AVB et tuteur selon les raisons qui sous-tendent l’appropriation ou la cession foncière

Les observations réalisées portent sur la comparaison des villages AVB et tuteur selon les raisons qui sous-tendent l'appropriation ou la cession foncière. Les villages AVB tendent à implémenter des modes traditionnels de gestion foncière hérités des fondateurs du village (19,0%), des modes familiaux ancestraux (64,3%) ou des pactes ou alliances interfamiliaux ou communautaires (2,4%) (figure 15). Les villages tuteurs se fondent sur des éléments comparables dans le renouvellement des responsables terriens ou dans la cession temporaire des terres habitables ou cultivables. Ainsi, certains villageois acquièrent les terres par un procédé traditionnel de succession des propriétaires terriens (35,7%), par le mode ancestral de renouvellement des gestionnaires des terres familiales (53,6%), selon la procédure étatique (3,6%) ou par un procédé circonstanciel improvisé (7,1%).

Le contrôle statistique indique une différence significative entre les villages AVB et tuteurs du point de vue de la fréquence des raisons évoquées par ces agglomérations villageoises relatives à la désignation des nouveaux propriétaires terriens ou à la cession foncière (p-value = 0,000<0,05, figure 15). A l'analyse, les villages AVB et tuteurs semblent promouvoir plus les procédés traditionnels ou ancestraux dans la gestion des terres que ceux établis par l'État. De tels choix révèlent les niveaux d'information et de connaissance de ces normes nationales.

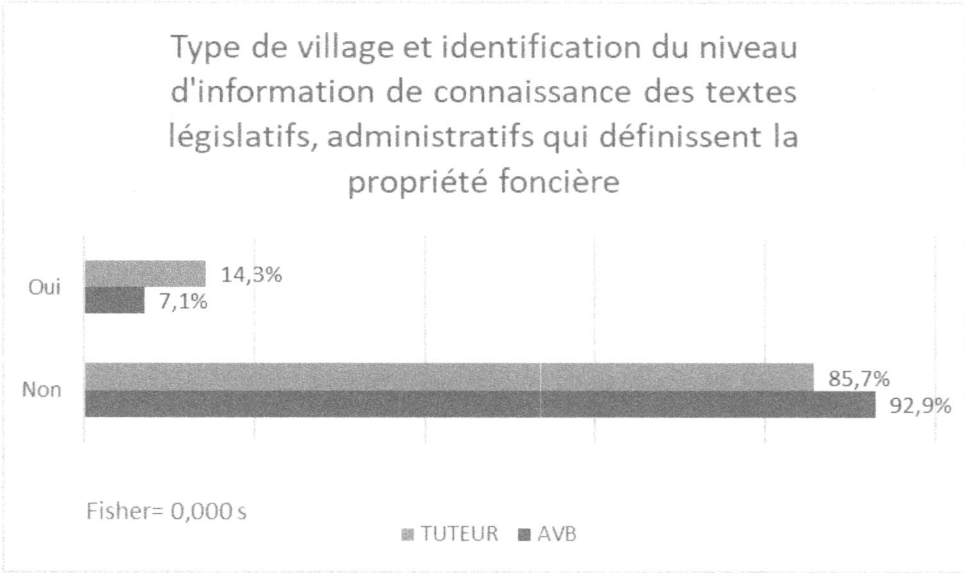

Figure 16 : Comparaison des villages AVB et tuteur selon les niveaux d'informations de connaissances des textes législatifs et administratifs qui définissent la propriété foncière

L'examen des niveaux d'informations relatifs à la connaissance des textes législatifs et administratifs qui définissent la propriété foncière dans les villages AVB ou tuteurs apporte des résultats caractéristiques de ces villages. L'on note, dans ce sens, que la fréquence des individus issus des villages tuteurs qui affirment être informés de l'existence des textes législatifs et administratifs qui régulent la propriété foncière (14,3%) est supérieure à celle des individus membres des villages AVB (7,1%) (figure 16).
Les résultats du contrôle statistique conforte cet écart entre les deux types de villages, en ce qui concerne les niveaux d'informations relatifs à la connaissance de l'existence de textes législatifs et administratifs qui définissent la propriété foncière (p-value = 0,000<0,005, figure 16). La majorité des membres des villages est loin de recourir aux textes étatiques dans la gestion des terres villageoises. La dimension traditionaliste ou communautariste qui transparaît dans les approches des villages dans la régulation des terres pourrait orienter les comportements sociaux de ces villages envers l'ensemble des habitants, notamment de solidarité à l'endroit des villages accueillis sur leurs terres.

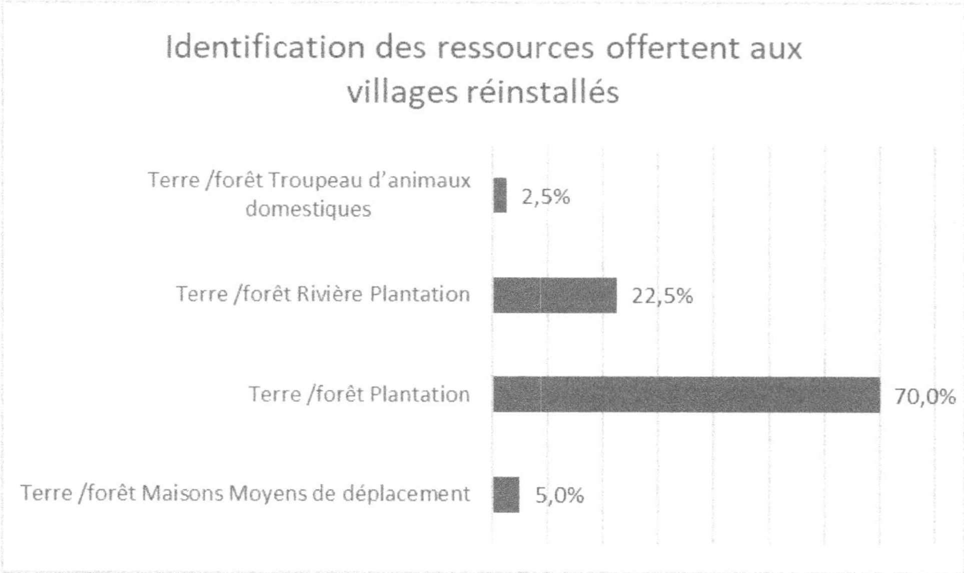

Figure 17 : Répartition des ressources socio-économiques offertes par les villages tuteurs aux villages réinstallés

L'on note que les villages tuteurs offrent aux villages réinstallés des ressources caractérisées par une terre/forêt plantation à une fréquence de (70,0%). Les tuteurs permettent également aux accueillis de coexploiter, co-utiliser les lacs, les rivières (22,5%) qui sont sous leur direction du point de vue territorial (figure 17). Les accueillis semblent obtenir la possibilité de réaliser des activités d'élevage commercial (2,5%) (figure 17). Les villages AVB seraient entièrement dépendants des choix et des décisions des villages tuteurs. Ils seraient moins en mesure de mener une gestion autonome des ressources foncières qui leur sont offertes ou louées. Ils pourraient être régulièrement contrôlés, surveillés ou soumis à une série d'interrogatoires policières lorsqu'ils entreprennent des activités au-delà des terres initialement offertes, louées sans l'accord des tuteurs. L'on pourrait s'attendre à une cohabitation moins harmonieuse.

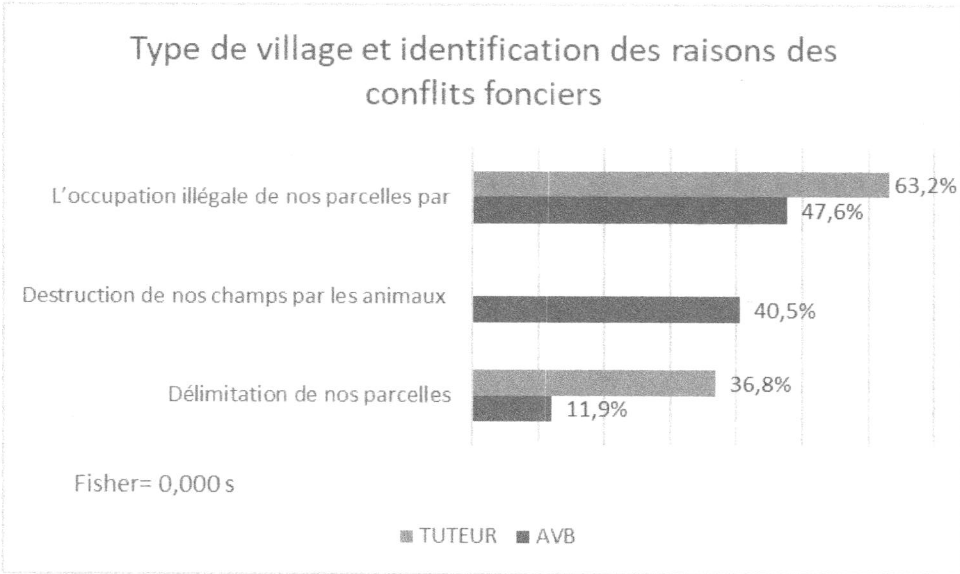

Figure 18 : Comparaison des villages AVB à leurs homologues tuteurs suivant les raisons des conflits fonciers

Les observations relatives aux causes des conflits fonciers dans les villages AVB et tuteurs apportent des résultats variables suivant le village. Les conflits portant sur l'utilisation des terres, des rivières et des lacs dans les villages AVB sont attribuables à une occupation illégale des parcelles (47,6%), à la destruction des champs par les animaux d'élevage (40,5%) ou à une délimitation non acceptée des parcelles par les utilisateurs des terres (11,9%). Des causes similaires sont évoquées en ce qui concerne les conflits fonciers identifiés chez les villages tuteurs. Les 'guerres' foncières portent sur deux causes, en l'occurrence une occupation illégale des parcelles (63,2%) et un problème de délimitation des parcelles (36,8%) (figure 18). Le contrôle statistique indique une différence significative entre les types de villages du point de vue de la fréquence des raisons des conflits fonciers (p-value = 0,000<0,05, figure 18).
Les résultats de l'analyse qualitative montrent que l'appropriation foncière est fondée sur le principe de la primo installation et celui d'héritage. Les grandes familles ayant occupé l'espace, sont les propriétaires terriens. Le statut est assuré par la descendance à travers le système d'héritage primogénitural agnatique ou cognatique. Ce faisant, la procédure de cession foncière est celle du droit coutumier local. Celui-ci exerce une primauté absolue sur le droit général ou la procédure publique ou étatique.

Chapitre VIII
Appropriation foncière rurale à partir de cadres socionormatifs et adminstrativo-législatifs

La présente étude a questionné l'appropriation ou la cession foncière en fonction de la gouvernance de la ressource foncière. Les observations faites dans cette perspective, montrent que le titre de propriété s'acquiert fondamentalement par héritage (86%). Les héritiers dans le village AVB disposent donc de 9% de patrimoine foncier et ceux du village tuteur en possèdent 14% (tableaux XVI à XXIV). La rareté des ressources foncières est source d'une fréquence importante de conflits fonciers interindividuels, intercommunautaires et intervillageois (59%). Le choix du mode d'appropriation génétique du foncier rural, l'indisponibilité actuelle de celui-ci dans les villages et les conflits observés pourraient trouver quelques éléments explicatifs. Il faut noter que la population autochtone de Béoumi est une section du peuple ayant pour ancêtre Abla Pokou, c'est-à-dire le peuple baoulé.

Dans la cosmogonie de ce peuple, la terre serait un élément qui procure et sauvegarde la vie de l'humain, notamment celle du peuple qui en possède. La terre serait perçue comme un dieu, un ancêtre pourvoyeur de ressources agricoles, alimentaires et financières. « La terre sur laquelle nous habitons est celle de notre ancêtre, nous l'avons héritée, affirmait un chef d'un village AVB ». Il se développe une relation métaphysique, ancestrale entre la terre et les premières personnes qui s'y installent. Ces dernières deviennent des interlocutrices naturelles des terres occupées, les représentantes et les gestionnaires légitimes de celles-ci. Les codes, les repères, les exigences de gouvernance, de partage des ressources foncières sont

révélés dans ce rapport spiritualo-affectif ou éthico-moral entre les premiers occupants et la terre. Les dépositaires des valeurs, des traditions foncières, en l'occurrence les fondateurs des villages, seraient amenés à perpétuer ces pactes fonciers à travers des personnes ayant été initiées à ces codes. « Lorsque nous ne serons plus, nos enfants vont assurer la gestion des ressources foncières.
Ainsi, seuls les enfants qui sont proches de nous héritent de cette responsabilité », a indiqué un chef de village à la réponse à la question relative au mode d'appropriation ou de cession foncière. Le choix d'une appropriation foncière par héritage observé dans la présente aurait pour fondement cet attachement, ce devoir à l'application des consignes et des dogmes ancestrales relatives aux ressources foncières. Celles-ci se relèvent être des propriétés familiales, communautaires ou villageoises. Ces entités sociales, en milieu rural, constitueraient les pouvoirs légitimes autorisés à distribuer, attribuer ou offrir les ressources foncières disponibles.
Ce faisant, les personnes non membres de ces structures de régulation mystico-sociale de la relation à la terre dans un espace ne sauraient se prévaloir ou revendiquer un titre de propriété foncière. L'usage, l'exploitation ou le bénéfice d'une ressource foncière est imputable à l'accord, à l'autorisation ou à la bienveillance des gestionnaires reconnus de l'espace comprenant la ressource foncière sollicitée. « Lorsque nous avons été déplacés, l'État avait négocié et obtenu auprès des villages hôtes des terres pour nous. Mais, l'exploitation de ces terres est très souvent soumise à une demande d'autorisation des villages qui nous ont accueillis », a relevé un notable dans l'un des villages AVB. Les villages AVB seraient sur des terres qui ne sont pas les leurs. Ils sont régulièrement exposés à des formes d'expropriation et de conflits fonciers.

L'indisponibilité de ressources foncières mise en évidence par les résultats de l'étude est corollaire du statut des villages AVB quant à la relation avec le patrimoine foncier existant dans leur zone d'accueil. L'intérêt porté durant les dernières années sur les cultures de rentes tend à accroître une cession multiple, une surenchère des portions de terroirs dans les villages AVB. L'expropriation foncière dont les villages AVB sont objet entraîne très souvent des conflits intravillageois ou intervillageois. La réduction de cette double situation de dépendance des villages déplacés AVB préjudiciable à la vie, à la survie des villages de AVB et accueillis nécessite un examen de la situation de l'AVB et des possibilités foncières palliatives ou contextuelles.

L'on constate que les zones d'habitation et les ressources foncières originelles, ancestrales des villages issus de l'AVB, alors que l'on avait craint ou prédit l'engloutissement par le fleuve, ont été interdites d'usage et d'exploitation. Les ressources foncières appartenant à ces villages ne semblent pas avoir subi la prédiction faite. Elles seraient disponibles et exploitables. L'on note, en substance, que les ressources foncières ancestrales des villages AVB seraient exploitées par des villages environnants, des structures privées moins légitimes que les villages AVB. « Certaines personnes venues de la ville ont acheté des parties de nos terres ; d'autres, se prévalant du titre d'une autorité étatique, les vendent à tout venant, alors que nous qui sommes propriétaires des lieux n'avons pas le droit d'en user, au risque de faire la prison », protestaient plusieurs chefs de villages AVB.

Ceux-ci souhaitent obtenir une dérogation administrative spéciale leur permettant d'exploiter leurs anciennes terres. « Nous demandons à l'État de nous permettre d'exploiter nos terres originelles, ancestrales pour les besoins alimentaires de subsistance, le temps qu'une décision

étatique précise les modalités de retour sur les terres des ancêtres », ont suggéré ces gouvernants villageois. La demande des autorités coutumières est d'autant vitale que la majorité des villages AVB n'a plus de terre de culture. Les mini terroirs, reçus sous forme de blocs culturaux, à leur arrivée sur le nouveau site d'habitation, il y a plus de 50 ans, n'ont été exploités qu'en un ou deux ans.
Les populations AVB sont amenées à négocier chaque année auprès des villages "accueillants" des portions de terre pour la réalisation des champs de cultures vivrières. Elles sont régulièrement soumises à des refus ou à des accords aléatoires de la part des tuteurs. Ceux-ci réclament à l'État, avant de céder encore d'autres portions de leur terroir, des compensations. L'exigence d'indemnisation s'est accentuée suivant la raréfaction des terres des tuteurs. Les difficultés aussi bien pour les villages AVB que les villages tuteurs à s'offrir des espaces, des terres agricoles ont été l'origine de plusieurs conflits et des retours des familles AVB sur leur ancien terroir, où elles sont exposées à la manipulation financière, à la menace, à la violence de personnes ayant investi 'frauduleusement' les sites déguerpis. De ce qui précède, il apparaît primordial que les autorités étatiques réexaminent la situation des villages AVB confrontés à une précarité foncière dont les conséquences se mesurent à travers la famine, la pauvreté, la morbidité et l'exode rural.

Chapitre IX
Validité et originalité de l'expérience AVB sur la patrimonialisation foncière

L'étude examine le niveau de propriété en lien avec la gouvernance foncière. Les résultats des observations faites auprès des villages déplacés ou AVB et ceux ayant accueilli ces villages déplacés dans le Département de Béoumi, Côte d'Ivoire, confortent la corrélation supposée entre la gouvernance et le niveau de propriété foncière. Ainsi, l'hypothèse selon laquelle le mode coutumier de gestion foncière crée une appropriation ou une propriété spécifique est vérifiée. La gestion foncière coutumière qui est observée tant dans les villages AVB que tuteurs semble promouvoir une seule norme concernant l'appropriation foncière. Les terres villageoises sont la propriété exclusive du fondateur du village ou des familles qui ont contribué à la création du village. La patrimonialisation ou la distribution foncière est totalement ordonnée et assurée par celui ou celles-ci ou leurs descendants et leurs héritiers. Au sein des familles héritières, le gouvernorat des terres familiales est, quant à lui, porté par le premier garçon biologique de la famille (primogéniture agnatique). Cette gouvernance coutumière foncière serait parallèle à celle légiférée, décrétée, arrêtée ou ordonnée par les autorités ou les représentants étatiques. Ceux-ci ne reconnaissent le titre de propriétaire terrien qu'à la personne ayant obtenu l'Attestation de Cession Définitive (ACD). Le droit coutumier foncier tend à être réduit à un droit médiateur de celui de l'État, c'est-à-dire à un droit honorifique. De ce point de vue, l'on pourrait établir divers propriétaires sur une même étendue foncière selon l'entité étatique qui ordonne et organise sa parcellisation. La pluralité des textes législatifs, gouvernementaux, préfectoraux, sous-préfectoraux et communaux illustrent les différentes normes étatiques d'appropriation foncière et, indirectement, différents niveaux de propriétaires terriens.

La cohabitation de ces multiples chefs de terres entraîne souvent des rapports conflictuels dans l'usage des parcelles de terres ou des ressources foncières. La gouvernance foncière coutumière des villages tire sa source, comme indiqué précédemment, dans la cosmogonie de ces agglomérations qui définit un rapport spécifique de l'humain ou du village à la terre ou à l'être vivant foncier. Par exemple, les fondateurs ou les descendants des fondateurs des villages AVB ou tuteurs considèrent la terre à la fois comme une ressource pourvue par leur ancêtre, leur dieu et un être métaphysique, elle-même. Cet esprit du village ne saurait être cédé à une personne étrangère ou être en relation avec une personne qui ne possède pas des codes de communication avec ce dieu ancestral. En d'autres termes, les terres du village, porteuses de l'esprit de ce village, ne pourraient être patrimonialisées selon les règles éditées par une entité extérieure dotée d'un esprit qui n'est pas celui de la sphère territoriale villageoise. Les ressources foncières du village sont la propriété des habitants qui sont en connexion avec l'esprit pourvoyeur de ce bien.

Cette représentation que les villages ont de la terre ou des ressources foncières conforte les résultats de l'étude réalisée par Kouassigan (1966). Celui-ci fait observer que la terre est considérée par les peuples noirs comme une divinité génitrice dont la mission est de pourvoir aux besoins des hommes. Elle est source de vie. Même si elle se prête, la terre n'est pas contrôlée par l'humain, encore moins soumise à lui. Ce dernier n'a de droit et de devoir envers la terre qu'en fonction du groupe auquel il

appartient. Il n'est que le maillon d'une chaîne déjà construite (Kouassigan, op. cit.).
De ce fait, la gouvernance d'une terre, notamment villageoise, ou la distribution de celle-ci tend à se réaliser selon les liens de filiation magico-réligieuse que l'on a avec cette terre. Les personnes auxquelles l'on serait plus enclin à confier le contrôle des terres villageoises seraient celles qui sont descendantes de cette terre, en l'occurrence les héritiers des villages. Ceux-ci sont les propriétaires socio-magico-légitimes des terres des villages. Les villages AVB, dans un tel cadre relationnel avec la terre, ne peuvent être possesseurs de terre dans les zones d'accueil.
La négation de leur droit sur les terres qui leur sont prêtées par les villages tuteurs est d'autant indiscutable qu'ils ne seraient pas des enfants 'biologiques' de ces terres. Les ayants droit des terres temporairement occupées par les villages accueillis seraient les descendants des propriétaires terriens issus des villages tuteurs qui ont accepté d'héberger les migrants sur leurs propriétés ancestrales. Ces déplacés pourraient être considérés comme des usurpateurs des terres dont ils bénéficient, s'ils s'offrent tacitement la qualité de possesseurs 'biologiques' de celles-ci. L'appropriation foncière, ou la patrimonialisation individuelle, familiale, villageoise de la terre, se fonde sur le principe d'appartenance à la lignée terrienne. Une acquisition d'une parcelle de terre villageoise, qui se réalise en violation ou en opposition à cette norme, est susceptible de créer des conflits entre pseudo-propriétaires et propriétaires de terre.
Les appropriations ou les exploitations foncières conflictuelles observées entre les habitants des villages AVB et ceux des villages tuteurs ou entre habitants de même village exemplifient ces guerres foncières (tableaux XXV, XXVI, XXVII, XXVIII, figure 18). Ces litiges dans

l'usage ou la patrimonialisation des terres tendent à porter sur la possession des portions de terre qui s'incrustent entre deux terroirs contigus à plusieurs propriétaires, squatteurs, familles ou villages. Les uns veulent les privatiser, en faire des biens fonciers exclusifs, les autres y opposent un partage de ces portions entre propriétaires 'biologiques' ou leur usage alternant. Des conflits fonciers, ayant été provoqués par des situations et présentant des caractéristiques semblables, ont été mis en évidence dans l'étude effectuée par Lund et Wardell (2004). Ceux-ci ont indiqué que les conflits fonciers villageois ou ruraux ont pour pour origine la tendance de certains copossesseurs de terres collectives à contrôler sans le consentement ou l'approbation des autres copropriétaires de ces espaces définis comme hors limites par une patrimonialisation foncière officielle.
Le rapport à celle-ci est loin d'être d'autant plus univoque que les populations ont une représentation de la propriété foncière qui diffère de celle que promeuvent les procédures publiques et législatives. Les populations qui possèdent ces biens familiaux et ancestraux acceptent difficilement dans leur environnement, un autre type de procédure inhabituel d'acquisition de terre. Le changement de niveau de propriété foncière est également observé, lorsque les populations sont amenées à appliquer à la fois des textes législatifs, gouvernementaux, préfectoraux, sous-préfectoraux ou communaux dont elles n'en ont souvent pas une bonne compréhension. L'on note qu'en zone rurale ou urbaine les acquéreurs de parcelles de terres sont confrontés à des normes coutumières locales d'appropriation foncière et à plusieurs types de textes généraux. La non maîtrise de ces textes différentiels les expose, dans la plupart des cas, à des conflits fonciers. Le risque de conflit est plus important chez les populations rurales habituées à un type unique de gouvernance.

Les nouvelles formes d'acquisition de la terre pourraient être une source de conflit dont la gestion crée probablement un dysfonctionnement et un affaiblissement du tissu social. Cette corrélation corrobore les observations faites par Deshajes (2016). Le dispositif juridique et les démarches du gouvernement n'ont pas entraîné la modification des critères locaux d'appropriation des terres. Cette inefficacité des textes étatiques généraux semble être indiquée dans l'étude réalisée par Aloko-N'guessan et al. (2018).
En effet, l'on a noté dans le milieu rural que l'exigence du respect des pactes coutumiers ancestraux amène les populations à privilégier toujours le mode et les principes traditionnels d'appropriation foncière. La gestion coutumière des terres impose à l'héritier le rejet de toute forme de procédure contraire à celle ancestralisée. Les services étatiques de gestion foncière sont loin, de ce point, d'être considérés. Par ailleurs, une politique de l'État à l'endroit des populations rurales déguerpies est presqu'inexistante. Il en résulterait d'une part un développement et une propagation de conflits interpopulationnels qui perturbent l'organisation sociale locale. D'autre part, les populations, laissées pour compte, n'ont plus de terres cultivables.
Les différents niveaux de propriétés, le développement des cultures de rentes et l'augmentation du nombre de population de façon galopante montrent l'effet des privations de terres, de l'isolement social auxquelles les populations déguerpies sont confrontées (tableau XII). La différence observée entre les villages tuteurs et ceux des AVB du comportement à l'occupation de la terre serait imputable au nouveau cadre de vie (culture de rente, population galopante). Ces résultats corroborent ceux de la recherche menée par Lawali et al. (2014). Ces facteurs nouveaux pourront mieux permettre d'expliquer les

difficultés auxquelles sont confrontées les populations des villages AVB et leurs tuteurs. L'on note le besoin de retour de ces villages sur les anciennes terres, c'est-à-dire regagner les terres ancestrales dont ils sont des héritiers 'légitimes'. L'on ne peut pas expliquer les niveaux de propriété en dissociant la gouvernance foncière. À l'analyse, les résultats de l'étude montrent la nécessité de considérer les mécanismes qui structurent la gouvernance coutumière locale dans l'établissement ou la reconnaissance du titre de propriété foncière en milieu rural.

Conclusion

L'étude interroge le niveau de propriété foncière en considérant la gouvernance appliquée à celle-ci. L'on suppose que la variabilité des textes de lois et l'application locale des modes d'appropriation ou de cession foncière créent différents niveaux de propriété foncière. La vérification de cette hypothèse a amené des observations. Celles-ci se sont réalisées auprès de villages accueillis et accueillants dans le Département de Béoumi. La collecte des informations s'est faite à travers l'utilisation d'outils spécifiques, en l'occurrence un questionnaire et un entretien individuel ou de groupe (focus group).
Les données obtenues de nature quantitative ont été traitées par une technique de dénombrement. Celles de nature qualitative ont fait l'objet d'une analyse par un regroupement de signifiants. Les informations issues de ce double traitement ont été soumises à une analyse statistique. Les résultats montrent que l'appropriation foncière ou l'acquisition du titre foncier se réalise par héritage. Ce faisant, les villages accueillis sont loin de s'offrir une propriété foncière. Les populations des villages AVB sont perçues davantage comme des utilisateurs de ressources dont elles ne sont pas légitimement propriétaires. La réduction des ressources foncières des villages accueillants est souvent à l'origine de conflits fonciers entre déplacés et hôtes. La sauvegarde ou la protection des réserves foncières ancestrales par les populations hôtes accroît la situation de précarité des populations déguerpies. La cohabitation de modes de gestion foncière différentiels ou conflictuels se révèle comme un facteur qui crée des conditions d'expropriation, de dénégation, de conflits fonciers intra, inter-communautaires ou villageois pérennes.

Cette corrélation relativement enracinée amène quelques suggestions et propositions aux entités villageoises cohabitantes, aux autorités administratives locales et gouvernementales. L'on pourrait proposer aux villages AVB et tuteurs de renégocier et actualiser les termes de la convention d'accueil avec les villages accueillants en tenant compte des besoins fonciers réciproques actuels de leurs populations. L'étude fait état de la nécessité pour le gouvernement de pouvoir offrir les ressources foncières de subsistance aux populations AVB. Ainsi, l'on suggère à l'État ivoirien de rétrocéder aux villages déplacés le patrimoine foncier ancestral que ces derniers avaient cédé à l'État de Côte d'Ivoire dans le cadre de l'Autorité de l'aménagement de la Vallée du Bandama (AVB) en 1969. Le gouvernement ivoirien pourrait aussi permettre aux villages AVB de les exploiter partiellement sous un contrôle administratif annuel.

En somme, le projet de l'Autorité de l'aménagement de la Vallée du Bandama a occasionné la création de villages, séparés de leurs patrimoines fonciers naturels, hérités et transmissibles aux descendants de ces agglomérations pour leur assurer un développement socioéconomique viable et durable. Plusieurs villages de Côte d'Ivoire, ayant été soumis à des projets comparables, pourraient être confrontés à des situations de perte des héritages fonciers comparables et exposés, par ricochet, à un nomadisme foncier régulier. Des études prenant en compte cette dimension pourraient apporter des éléments complémentaires de compréhension de l'appropriation ou cession foncière en milieu d'accueil.

Recommandations

La patrimonialisation des terres villageoises en lien avec la gouvernance à laquelle sont soumises ces terres a été explorée en considérant deux types de gestion foncière : le management traditionnel et celui proposé par les autorités étatiques. Les villages déplacés de l'Autorité de l'aménagement de la Vallée du Bandama et leurs tuteurs dans le département de Béoumi ont été sélectionnés pour tenter de vérifier l'hypothèse qui sous-tend cette étude.

L'on note que l'appropriation foncière dans les villages se réalise suivant le principe d'héritage de la terre édicté par le dieu de la terre ou par l'ancêtre familial, communautaire ayant reçu la responsabilité d'assurer sa pérennité. Cette norme qui fonde et régule la gouvernance foncière villageoise contraste avec les règles étatiques de gestion ou de patrimonialisation foncière. L'appropriation ou le droit de propriété foncière est soumis (e) à la possession d'un Acte de Cession Définitive (ACD), en dehors de l'État lui-même qui s'octroie le droit de possesseur unique et exclusif de l'ensemble des terres du pays. Les conflits d'occupation ou d'exploitation foncière manifestes ou latents identifiés entre les villages déplacés de l'AVB et les villages tuteurs tendent à trouver leur origine dans des contradictions issues de l'application simultanée des deux normes.

La première contradiction, source de 'guerre' foncière entre les deux entités villageoises, est celle observée entre la position de certains villages tuteurs qui dénonce l'occupation illégitime des terres des tuteurs par les villages de l'AVB et celle d'autres villages tuteurs qui reconnaît des statuts de propriétaires aux populations AVB, contenue dans l'accord étatique de cession. La seconde contradiction est celle identifiée entre le refus de

l'État de rétrocéder aux villages AVB et l'autorisation accordée aux individus tiers ou à des entrepreneurs de la région de récupérer, d'exploiter ces terres flottantes. La troisième contradiction est celle issue de la reconnaissance par l'État des procédures coutumières, villageoises d'acquisition du titre de propriétaire foncier et formalisées par l'État.
De ce qui précède, il apparaît nécessaire de suggérer des actions à réaliser. L'étude de proposer aux autorités étatiques de réexaminer le protocole d'accord d'accueil entre les villages AVB et les villages tuteurs et le conformer au principe coutumier ancestral. Le travail suggère également à l'État de définir un administratif en collaboration avec les villages AVB pour le retour de ceux-ci sur leurs terres ancestrales. La réalisation de ces opérations implique des activités d'échanges avec les villages concernés pour construire avec eux des termes principaux susceptibles de faire objet d'accord relatif à la (re)patrimonialisation foncière dans cette zone. Des ateliers de communication, de plaidoyers, de discussion avec les parties prenantes sont envisageables.

Références

Aloko-N'guessan, J., Koffi-Didia, A. M., & Coulibaly T. H. (2018). Développement agricole et gouvernance foncière à Tioroniaradougou (Nord de la Côte d'Ivoire). *EchoGéo, 43*, 1-15. ; DOI : https://doi.org/10.4000/echogeo.15192.

Andreani, J. C., & Conchon, F. (2005). Fiabilité et Validité des Enquêtes Qualitatives. Un état de l'art en Marketing. *Revue Française du Marketing, Paris, 201* (1-5), 5-21.

Aubin, D., & Nahrath, S. (2015). De la plura dominia à la propriété privative : L'émergence de la conception occidentale de la propriété et ses conséquences pour la régulation des rapports sociaux à l'égard de l'environnement et du foncier. In M. Ponsonnet & C. Travési (Eds.), *Les conceptions de la propriété foncière à l'épreuve des revendications autochtones : possession, propriété et leurs avatars* (pp. 51-78). Pacific-credo Publications. DOI : https://doi.org/10.4000/books.pacific.327.

ClientEarth (2014). *Droits de propriété et d'usage des communautés locales et populations autochtones*. Ukaid.

Convention des Nations Unies sur la lutte contre la désertification (UNCCD, 2020). *Perspectives foncières mondiales (GLO), 25 novembre 2020.* https://www.unccd.int/sites/default/files/sessions/documents/2019-08/cop20_FRE_Advance.pdf

Convention on Sustainable Development (CSD, 1996). *Progress Report on Chapter 10 of Agenda 21*. United Nations.

Deshajes, T. (2016). *L'accaparement des terres et ses impacts sur la sécurité alimentaire et foncière : évaluation des mécanismes de prévention et de résolution de conflits fonciers dans la région des Hauts-Basslns au Burkina-Faso* [Mémoire de Maîtrise en Science Politique]. Université du Québec à Montréal.

Dubler, A.-M. (2010). Propriété foncière. In *Dictionnaire historique de la suisse*. Dhs. https://hls-dhs-dss.ch/fr/articles/016216/2010-08-25/,

Fallé, L. Y. (2018). Stratégies de gestion des conflits fonciers intrafamiliaux à Douafla dans la sous-préfecture de Sinfra (centre-ouest ivoirien). *European Scientific Journal, 14* (2), 23-37.

Huteau, M. (1995). *Manuel de psychologie différentielle*. Paris : Dunod.

Koné, A. (2003). Houphouët-Boigny et la crise ivoirienne. Paris : Éditions Karthala.

Kouassi, K. J. (2017). *Les conflits fonciers ruraux en Côte d'Ivoire*. Irenees.net. Les conflits fonciers ruraux en Côte d'Ivoire. - Irénées (irenees.net).

Kouassigan, G.-A. (1966). *L'homme et la terre : droits fonciers coutumiers et de droit de propriété en Afrique occidentale*. Editions Berger-Levratilt.

Lassailly-Jacob V. (1986). Un exemple éphémère de planification du développement : l'AVB en Côte d'Ivoire centrale (1969-1980). *Cahiers d'Études Africaines 103, 26* (3), 333-348

Lawali, S., Mormont, M., & Yamba, B. (2014). Gouvernance et stratégies locales de sécurisation foncière : étude de cas de la commune rurale de Tchadoua au Niger. *VertigO, 14* (1). 1-14. https://id.erudit.org/iderudit/1027968ar.

Lawali, S., Mormont, M., & Yamba, B. (2014). Gouvernance et stratégies locales de sécurisation foncière : étude de cas de la commune rurale de Tchadoua au Niger. *La revue électronique en sciences de l'environnement, 14* (1). Doi : https://doi.org/10.4000/vertigo.14723.

Loi 98-750 du 23 décembre 1998 relative au domaine foncier rural modifiée par la loi 2004-412 – Côte d'Ivoire.

Loi n° 98-750 du 23 décembre 1998 relative au domaine foncier rural modifiée par la loi n° 2004-412 du 14 août 2004.

Loi no 2019-868 du 14 octobre 2019, modifiant la loi no 98-750 du 23 décembre 1998 relative au domaine foncier rural, telle que modifiée par les lois n° 2004-412 du 14 août 2004 et n° 2013-655 du 13 septembre 2013.

Lund, C., & Wardell, A. (2004). En marge de la loi et au cœur de la politique locale. Colonisation agraire des forêts classées au Nord-Ghana. *Autrepart, 30*, 116-134.

N'da, P. (2002). *Méthodologie de la recherche. De la problématique à la discussion des résultats*. EDUCI.

Ondo, J.-C., Ouarda, Taha, B. M. J., & Bobée, B. (1997). *Revue bibliographique des tests d'homogénéité et d'indépendance*. Environnement Canada, Division Hydrologie.

Organisation des Nations Unies pour l'Alimentation et l'Agriculture (ONUAA, 2011). *L'état des ressources en terres et en eau pour l'alimentation et l'agriculture dans le monde : Gérer les systèmes en danger*. ONUAA.

Palmer, D., Fricska, S., Wehrmann, B. (2009). *Towards Improved Land Governance. Land Tenure Working Paper 11*. Food and Agriculture Organization of the United Nations.

Prowizur, E. (1976). Les effets humains du barrage Kossou sur le Bandama blanc (Rép. Côte d'Ivoire) / The Kossou dam on the Bandama river : its effects on the population (Central Ivory Coast). *Civilisations, 26* (3-4), 232-258. http://www.jstor.org/stable/41803047.

Rangé, C. (2016). Gouvernance foncière et intensification du multi-usage de l'espace. *Economie rurale*, 353-354, 45-63. http://journals.openedition.org/economierurale/4919.

Rogers, C. (1951). *Client centered therapy; its current practice, implications and theory*. Princeton University Press.

Seck, S. M. (2016). *L'évolution des formes de gouvernance foncière en Afrique de l'Ouest*. Comité technique Foncier & développement. http://www.hubrural.org/IMG/pdf/2016_fiche-foncier_seck-2.pdf.

Souche, C. (2007, 11 avril). *Le sacre de l'Homme : Homo sapiens invente les civilisations*. Cdurable.info. https://cdurable.info/Le-Sacre-de-l-Homme-Homo Sapiens,321.html#:~:text=LES%20PREMIERS%20VILLAGES%20ET%20LA,enterr%C3%A9es%20dans%20des%20fosses%20rondes.

Union Internationale de Conservation de Mondiale pour la Nature (UICN, 2004). *Congrès Mondial de la Nature : Actes de Congrès mondial de la Nature, 3e session, Bangkok, Thaïlande, 17-24 novembre 2004*. UICN.

United Nations Convention To Combat Desertification (UNCCD, 2017). Chapter 1 : Meaning of land. In United Nations Convention To Combat Desertification (Ed), *Global land outlook, first édition* (pp. 20-21). UNCCD. https://www.unccd.int/sites/default/files/documents/2017-09/GLO_Full_Report_low_res.pdf

Yamba, B., Konaté, A., & Mounkaila, A. (2008). *Évaluation à mi-parcours du projet de sécurisation foncière à l'échelle d'un village du département d'Aguié (CALI)*. Rapport d'évaluation.

ANNEXES

Annexe I

Questionnaire

Nous vous proposons, dans le cadre d'une étude dans votre village, une série de questions à répondre en cochant la réponse qui vous convient. Nous vous assurons de l'anonymat et de la confidentialité des réponses.

I. Caractéristiques socio-démographiques

1. Nom du village

- ☐ Assakra
- ☐ Bourebo
- ☐ Diéviéssou
- ☐ Kouadio Sakassou
- ☐ Kongobo
- ☐ Niambrun
- ☐ Yobouet-Zué

2. Nom du fondateur du village :

3. Sexe du fondateur

- ☐

Masculin

☐ Féminin

4. Age du fondateur

☐ 18-35

☐ 36-45

☐ 46-60

☐ 60+

☐ Autre (à précisez) :

5. Provenance du fondateur

☐ Nord

☐ Sud

☐ Centre

☐ Ouest

☐ Est

6. Descendance du fondateur

☐ Abla Pokou

☐

Soeur de Abla Pokou

☐ Frère de Abla Pokou

☐ Autre

7. Ethnie du fondateur

☐ Baoulé

☐ Wan

☐ Gouro

☐ Sénoufo

☐ Malinké

☐ Autre (à précisez) :

8. Croyance du fondateur

☐ Dieu du Christianisme

☐ Dieu de l'Islam

☐ Dieu des ancêtres

☐ Dieu des mânes (âmes des morts)

- [ ] Dieu des eaux
- [ ] Dieu des forêts
- [ ] Dieu des savanes
- [ ] Dieu des bois
- [ ] Dieu des terres, des sols
- [ ] Autre (à précisez) :

9. Statut matrimonial du fondateur

- [ ] Marié
- [ ] Célibataire
- [ ] Veuf/veuve
- [ ] Autre (à précisez) :

10. Si marié, avec qui?

- [ ] Femme de la famille
- [ ] Femme d'ethnie similaire
- [ ] Femme d'ethnie différente
- [ ] Autre (à précisez) :

11. Si femme d'etnie différente, quelle est l'ethnie de celle-ci?

- [ ] Baoulé
- [ ] Wan
- [ ] Gouro
- [ ] Sénoufo
- [ ] Malinké
- [ ] Autre (à précisez) :

12. Len avec femme

- [ ] Nièce maternelle
- [ ] Nièce paternelle
- [ ] Cousine maternelle
- [ ] Cousine paternelle
- [ ] Autre (à préciser) :

13. Nombre d'enfants

- [ ] Aucun
- [ ] 1-6
- [ ] 7+

14. Avec qui le fondateur du village est-il venu?

- ☐ Père, mère, soeurs, frères
- ☐ Oncle, tante, cousines, cousins
- ☐ Nièces, neveux
- ☐ Personnes de groupe ethnique similaire
- ☐ Personnes d'ethnies diverses
- ☐ Autre (à préciser) :

15. Quand le fondateur est-il mort?

- ☐ 16-17e siècle
- ☐ 17-19e siècle
- ☐ Autre (à préciser) :

16. Où le fondateur du village a-t-il été enterré?

- ☐ Dans son village
- ☐ Chez ses ancêtres
- ☐ Autre (à préciser) :

17. Héritier du fondateur du village

- [ ] Frère
- [ ] Soeur
- [ ] Fils
- [ ] Autre (à préciser) :
- [ ] Fille
- [ ] Oncle
- [ ] Tante
- [ ] Cousine
- [ ] Cousin
- [ ] Autre (à préciser) :

18. Quelle est la relation entre le chef du village actuel et son fondateur?

- [ ] Neveu de 50 génération
- [ ] Neveu de 45 génération
- [ ] Neveu de 40 génération
- [ ] Autre (à préciser) :

19. Quels sont les villages qui ont le même ancêtre que votre village?

- [ ] Assakra
- [ ] Bourebo
- [ ] Kouadio Sakassou
- [ ] Diéviéssou
- [ ] Niambrun
- [ ] Yobouet-Zué
- [ ] Kongobo

20. Quels sont les villages alliés de votre village?

- [ ] Assakra
- [ ] Bourebo
- [ ] Kouadio Sakassou
- [ ] Diéviéssou
- [ ] Niambrun
- [ ] Yobouet-Zué
- [ ] Kongobo

21. Comment se fait la succession à la direction de la chefferie de votre village?

☐ Succession monarchique

☐ Suffrage

☐ Désignation par les chefs de village

☐ Désignation par des notables

☐ Autre (à préciser):

22. Comment se fait la succession à la direction de la famille

☐ Matrilinéarité

☐ Patrilinéarité

☐ Primogéniture mâle

☐ Primogéniture à degré égal (préférence masculine)

☐ Désignation consuelle

☐ Autre (à préciser) :

II. Conditions socioprofessionnelles ou économiques

23. Occupation du fondateur du village

- [ ] Chasseur
- [ ] Pêcheur
- [ ] Cultivateur
- [ ] Eleveur
- [ ] Planteur
- [ ] Vendeur
- [ ] Autre (à préciser) :

24. Ressources du fondateur du village

- [ ] Terre / Forêt
- [ ] Rivière
- [ ] Plantation
- [ ] Troupeau d'animaux domestiques
- [ ] Maisons
- [ ] Moyens de déplacement
- [ ] Autre (à préciser) :

25. Comment le fondateur a-t-il obtenu ses ressources

☐ Achat

☐ Troc

☐ Don

☐ Travail

☐ Conquête

☐ Autre (à préciser) :

26. Etendue des ressources du fondateur

☐ Hectares de terre / forêt illimtées

☐ Plusieurs troupeaux

☐ Nombre moins important de troupeaux

☐ Rivières ancestrales, familiales

☐ Rivières partagées

☐ Autre (à préciser) :

27. Occupation des habitants du village

☐ Chasseur

☐ Pêcheur

☐ Eleveur

☐ Cultivateur

☐ Planteur

☐ Vendeur

☐ Autre (à préciser)

28. Ressources du village

☐ Terre / Forêt

☐ Rivière

☐ Plantation

☐ Troupeau d'animaux domestiques

☐ Maisons

☐ Moyens de déplacement

☐ Autre (à préciser)

29. Comment le village a-t-il obtenu ses ressources

☐ Achat

☐ Troc

- [ ] Don
- [ ] Travail
- [ ] Conquête
- [ ] Autre (à préciser) :

30. Etendue des ressources du village

- [ ] Hectares de terre / forêt illimtées
- [ ] Plusieurs troupeaux
- [ ] Nombre moins important de troupeaux
- [ ] Rivières ancestrales, familiales
- [ ] Rivières partagées
- [ ] Autre (à préciser) :

III. Gestion foncière

31. Comment les ressources foncières du village se distribuent-elles?

- [ ] Location par le / la propriétaire de terre
- [ ] Accord d'utilisation avec le /la propriétaire de terre

☐ Cession gratuite par le / la propriétaire de terre

☐ Achat avec le / la propriétaire de terre

☐ Troc avec le / la propriétaire de terre

☐ Autre (à préciser) :

32. Qui devient propriétaire dans le village

☐ Descendant du fondateur du village

☐ Premier habitant du village

Héritier d'une famille propriétaire de terre

☐ Cession gratuite d'une personne ou d'une propriétaire de terre

☐ Achat auprès d'une personne ou d'une famille propriétaire de terre

☐ Autre (à préciser) :

33. Principes de propriété foncière

☐ Droit coutumier

☐ Texte gouvernemental

☐ Législation

☐

Texte administratif

☐ Autre (à préciser) :

34. Selon le droit coutumier, comment obtient-on le titre de propriété foncière (terre)?

☐ Descendance

☐ Adoption

☐ Naissance

☐ Mariage

☐ Alliance

☐ Accord oral

☐ Achat

☐ Don

☐ Utilisation

☐ Exploitation

☐ Conquête

☐ Autre (à préciser) :

35. Selon le droit coutumier, comment obtient-on le titre de propriété foncière (eau, rivière)?

☐ Descendance

☐ Occupation

☐ Accord

☐ Exploitation

☐ Conquête

☐ Autre (à préciser) :

36. Etes-vous informé (e)s des textes législatifs, administratifs qui définissent la propriété foncière ?

☐ Loi n°2019-868 du 14 novembre 2019 modifiant la loi n°98-750 relative au domaine foncier rural – Côte d'Ivoire

☐ Loi No 2019-868 du 14 octobre 2019, modifiant la Loi No 98-750 du 23 décembre 1998 relative au domaine foncier rural, telle que modifiée par les Lois No 2004-412 du 14 août 2004 et No 2013-655 du 13 septembre 2013

☐ Décret No 2019-266 du 27 mars 2019, fixant les modalités d'application au domaine foncier rural coutumier de la loi No 98-750 du 23 décembre 1998

☐ Décret No 2013-224 du 22 mars 2013, portant réglementation de la purge des droits coutumiers sur le sol pour intérêt général

☐ Loi 98-750 du 23 décembre 1998 relative au domaine foncier rural modifiée par la loi 2004-412 – Côte d'Ivoire

37. Selon ces lois, comment obtient le titre de propriété foncière

☐ Droit coutumier

☐ Obtention d'Attestation de cession définitive

☐ Autre (précisez)……

Annexe II

Guide d'entretien

I. Histoire de Béoumi /village

1. Comment Béoumi /village a-t-il té créé ? Pourquoi le fondateur de Béoumi /du village a-t-il créé ce village, alors que des villages existaient dans la zone ?
2. Que signifie Béoumi /village ? Pourquoi appelle-t-on la population originaire de Béoumi /du village Kodê ?

II. Structure sociodémographique de Béoumi /village
3. Comment les différentes populations vivent-elles à Béoumi :village ?

4. Comment les populations autochtones de Béoumi /du village ont-elles intégré dans leur espace socio-culturel et physique les différents groupes de communautés allochtones et étrangères ?
5. Pourquoi les communautés allogènes et étrangères de Béoumi /village n'ont-elles droit au titre de propriété ?
6. Comment les pactes, les règles, les accords d'installation, d'habitation et de cohabitation entre autochtones, entre ceux- ci et les allogènes, les étrangers ont été élaborés ?

III. Gouvernance foncière

7. Comment devient-on propriétaire terrien à Béoumi /village ?
9. Comment devient-on propriétaire de terre ? Quels sont les critères pour être considéré propriétaire terrien ? Pourrait-on le devenir ?

10. Comment fonctionnent les régimes fonciers appliqués aux terres, sols de terres de Béoumi /village ?
10. Que représentent pour vous les lois, les ordonnances, les arrêtés et les accords qui organisent le régime de propriété foncière ?
Comment les règles coutumières et les usages communs qui établissent les niveaux de propriété foncière sont-elles élaborées ?
11. Comment se réalise une prescription acquisitive à la propriété foncière ?
13. Pourquoi faut-il réaliser une prescription acquisitive à la propriété foncière ?

12. Comment s'obtient le droit d'utilisation ?
13. Comment les terres cultivables de Béoumi / du village sont-elles utilisées, cédées ? Pourquoi ?
14.Comment la gestion des terres s'adapte-t-elle à l'explosion démographique (accroissement, migration), à la transition agricole à Béoumi / au village ?

14. Toutes les terres de Béoumi / du village sont-elles utilisables, peuvent être cédées? Pourquoi ?
15. Comment la gestion des terres s'adapte-t-elle à l'explosion démographique (accroissement, migration), à la transition agricole à Béoumi / au village ?

Table des matières

Structures éditoriales du groupe L'Harmattan

L'Harmattan Italie
Via degli Artisti, 15
10124 Torino
harmattan.italia@gmail.com

L'Harmattan Hongrie
Kossuth l. u. 14-16.
1053 Budapest
harmattan@harmattan.hu

L'Harmattan Sénégal
10 VDN SICAP AMITIE 3
BP 45034 Dakar-Fann
direction@senharmattan.com

L'Harmattan Cameroun
Tsinga/Derrière polyclinique FECAFOOT
BP 11486 Yaoundé
Jacques.koukam@harmattan.fr

L'Harmattan Burkina Faso
Villa 281, secteur 23 623, rue 14.32
Ouagadougou
zagbie@outlook.fr

L'Harmattan Guinée
Almamya, rue KA 028 OKB Agency
BP 3470 Conakry
harmattanguinee@yahoo.fr

L'Harmattan RDC
185, avenue Nyangwe
Commune de Lingwala – Kinshasa
matangilamusadila@yahoo.fr

L'Harmattan Congo
219, avenue Nelson Mandela
BP 2874 Brazzaville
deunovmikhael@gmail.com

L'Harmattan Mali
Immeuble Mgr Jean Marie Cissé
Aci Hamadallaye
BP 145 Bamako
syllaka@yahoo.fr

L'Harmattan Togo
Djidjole – Maison Amela
face EPP BATOME
02 BP 20680 Lomé
didieramela11@gmail.com

L'Harmattan Côte d'Ivoire
Résidence Karl – Cité des Arts
Abidjan-Cocody
03 BP 1588 Abidjan
harmattan.ivoire@gmail.com

L'Harmattan Bénin
Rue 604, (Immeuble à l'entrée
de la rue UCAO- Cite de Saint-Jean)
Cotonou
stepcorpus@gmail.com

Nos librairies en France

Librairie internationale
16, rue des Écoles
75005 Paris
librairie.internationale@harmattan.fr
01 40 46 79 11
www.librairieharmattan.com

Librairie des savoirs
21, rue des Écoles
75005 Paris
librairie.sh@harmattan.fr
01 46 34 13 71
www.librairieharmattansh.com

www.ingramcontent.com/pod-product-compliance
Lightning Source LLC
LaVergne TN
LVHW010946061026
849535LV00007B/2587